英语翻译

英语翻译技能研究

关继东 ◉ 著

湘潭大学出版社
XIANGTAN UNIVERSITY PRESS

前　言

中国传统翻译理论历史悠久，如果从最初的佛经译论（公元 148 年始）算起，至今已有 1800 多年的历史。这期间，出现了许多杰出的翻译理论家，他们的主张和论述，大抵出于自己的力行心得，因而言微旨远，论断精深，予后世极深的影响，其中如玄奘（602—664）与严复（1854—1921）的翻译思想和对策性主张，至今仍有认识论、价值论和方法论的历史意义。中国传统翻译理论是中国和世界文化的宝贵财富，我们必须视若珍宝，矢志于阐发和开拓性继承。

全球一体化以及信息时代的到来，促进了世界上不同国家、民族、地区之间进一步的合作与交流。随着中国在世界上的地位日益提高，对外交往的国家越来越多，在一定程度上突出了翻译这一媒介工具的重要性。与此相适应，国内对翻译的学习与研究也呈现出一派欣欣向荣的景象，国内翻译学界的专家、学者共同致力于对翻译理论与实践的研究，并且获得了很重要的研究成果。目前，我国许多高等院校，不管是英语专业还是非英语专业，本科阶段都开设多种类型的翻译课程，如英汉翻译、商务翻译、旅游翻译、科技翻译、口译等，这些课程的开设为繁荣我国的翻译教学、培养我国各行各业所需要的翻译人才打下了坚实的基础。

翻译是在准确、通顺的基础上，把一种语言信息转变成另一种语言信息的行为。本书以中国当代英语翻译概述为基础，针对英语翻译中的应用技巧问题展开论述，其中包括翻译的基本技巧和方法，并且结合了具体的翻译实例，提出可行性的解决策略。此外，本书还介绍了一些实用文体的翻译技巧。

实用文体具有体裁多样、类型丰富的特点，每一个行业都有很多约定俗成的专业术语、句法特色、篇章结构，即便是存在一些共核词汇，也有严格的定义与明确的内涵意义，因此，实用文体在语言表达、结构、体裁等方面具有很强的专业性。本书致力于为广大从事英语翻译、教学、科研的工作人员提供有效的帮助。

目　录

第一章　翻译与翻译技能概述

第一节　翻译概述

一、翻译的含义

“翻译”一词既简单，又复杂。说它简单，是因为我们生活中随处可以用到，如英译汉或者汉译英；说它复杂，是因为“翻译”这个词有多层含义。“翻译”可以是动词，意思是把一种语言文字的意义用另一种语言文字表达出来；可以是名词，指的是把某一种语言文字转换成另一种语言文字的活动；也可以指一种现象，或者一种职业。①

翻译在英语中的对等词是 translation。而 translation 一词又是从 transferre 的被动分词 translatus 演变而来的。transferre 由两部分构成，即 trans 和 ferre。trans 的意思是“跨越”“穿越”“从一边到另一边”（across），ferre 的意思是“搬运”或“携带”（to carry or to bring）。因此，该词最初的意思是“从一边搬运到另一边”（carrying across or bringing across）。

了解了其起源，我们就不难理解何谓“翻译”了。所谓翻译就是把一种语言表达的信息用另一种语言表达出来，从而实现“语言上的跨越”，或在两种语言之间架起一座桥梁。其中一种语言称为 source language（“原语言”“源语言”或“译出语”），另一种语言称为 target language 或 receptor language（“译入语”或“接受语”）。

---

① 胡敏，蒋甜甜，李瑶. 大学英语翻译教程［M］. 长春：吉林人民出版社，2021：12-17.

翻译是把一种语言表达的意义用另一种语言传达出来，以达到沟通思想情感、传播文化知识、促进社会文明，特别是推动译语文化兴旺昌盛的目的。

二、翻译的标准

所谓翻译标准，亦是翻译原则，即指导翻译实践、评价译文质量的尺度。翻译标准的确立，为翻译工作者指明了努力的方向，对建立科学的翻译理论体系具有重要意义。

19 世纪末，我国清代资产阶级思想家严复在《天演论 · 译例言》中，提出了“信、达、雅”三字标准。这在我国翻译史上独具意义，给后代的译界以有益的启发，在翻译界最具影响力、典范性，甚至成为中国人翻译西方语言文字的准绳。

后来，鲁迅主张“宁信而不顺”，钱钟书提出文学翻译的最高标准是“化境”，傅雷提出“神似说”，刘重德提出了“信、达、切”的标准，谭载喜提出了翻译的“东张西望”法和译学内容的“瞻前顾后”法。无论是“信、达、切”“信、达、贴”“信、达、化”还是“神似”“化境”，都是期望修补、更新、完善严复提出来的“信、达、雅”的翻译标准，可始终没有哪一种新提法能取而代之。因为“信、达、雅”言简意赅，主次突出，全面系统，完整统一。

西方学者对翻译标准也有诸多论述。古罗马政治家马尔库斯 · 图利乌斯 · 西塞罗（Marcus Tullius Cicero）就曾提出翻译“不是字当句对，而是保留语言的总的风格和力量”，主张“演说家”式的，而不是“解释员”式的翻译，为后世确定了翻译讨论的方向；亚历山大 · 弗雷泽 · 泰特勒（Alexander Fraser Tytler）在《论翻译的原则》一书中系统地提出了进行翻译和评判翻译的三条基本原则；美国著名翻译家尤金 · A · 奈达（Eugene A. Nida）提出了“功能对等”翻译准则。翻译的预期目的主要是原文与译文在信息内容、说话方式、文体、风格、语言、文化、社会因素诸方面达到对等。

一般而言，国内外对翻译的标准有一个共识，好的翻译要做到两点：忠实与通顺。对于初学翻译的人，尤其是非英语专业的学生来说，如果译文能做到忠实与通顺，就算是合格的译文了。

三、翻译的过程

张培基认为，翻译的过程是正确理解原文并创造性地用另一种语言再现原文的过程，大体上可分为理解、表达和校核三个阶段。①

实际上，对翻译初学者而言，翻译的基本过程只包括理解和表达两个阶段，译者只有在正确理解原文的基础上，才能正确地表达原文。理解原文词句不应脱离上下文，因为词义总是受上下文制约的，没有上下文，就没有词义。

（一）理解的过程

正确的理解不能仅停留在表面，还要通过表层，进入深层，也就是说，要通过现象，抓住事物的本质。

1. 根据上下文进行理解

认真阅读上下文，因为理解要在一定的语言环境中才能深刻、透彻。从语言学的观点来看，有时孤立的一个单词、一个短语、一个句子看不出是什么意思，必须在语言环境中，有一定的上下文，才能确定它的意义。

2. 理解要靠广博的知识

Shall I compare thee to a summer's day？Thou are more lovely and more temperate.（Shakespeare）

分析：这是威廉·莎士比亚（William Shakespeare）的两句诗。summer（夏天）与“可爱”“温和”只有在英国文化语境中才能联系起来。在中国的文化氛围中，夏天常与“酷暑”“炙热”联系在一起，常给人以“赤日炎炎似火烧”“夏日可畏”的感觉，很难将“夏天”与“可爱”“温和”联系起来。假如我们不具备英国地理与气候的背景知识，就很难理解诗中“a summer's day”的意思。

（二）表达的过程

理解透彻后，下一步就是表达。理解正确不等于表达正确，在正确理解的前提下，一篇译文质量的好坏，就全看如何表达了。表达的过程也是认知加工的过程。就加工方式而言，翻译表达一般是自上而下的加工方式，即高

① 陈莹，吴倩，李红云. 英语翻译与文化视角［M］. 长春：吉林人民出版社，2020：148-151.

层次的信息会对低层次信息的加工产生影响。译者针对整个语篇或某个句子的理解，运用译入语思维，从长时记忆中调用自身原有的语言知识及非语言知识（如背景知识等），在大脑中寻找与原语文本相对应的词、句和语篇的译入语，从而将原文理解的信息表达出来。

表达的三个原则：不失原意、保持原文的风格特色、符合译语习惯。这三者做得如何，会直接影响译文质量。因此，表达是整个翻译过程中的关键。

（三）实践的过程

要想提高自己的翻译能力，一定要实践。实践可以分为两类：直接的实践和间接的实践。

所谓直接的实践，就是亲身参与实践，即自己动手翻译。一回生，二回熟，日积月累，第一手经验多了，做起来得心应手，翻译能力就会有所提高。所谓“熟能生巧”就是这个道理。但自己能译的东西是有限的，从这种实践中得出的经验也是有限的，因此，还需要借助间接的实践。

所谓间接的实践，就是研究别人的译文。比如，一篇文章在手，准备翻译，这时先找一些有关资料或同类文章的译文看一看，在词语和风格方面定会有所借鉴。别人的译文是别人直接实践的产物，你看别人的译文，这就是间接实践。从总结经验的角度来看，直接实践和间接实践具有同等的价值。因此，有空的时候，找一些译文来，尤其是好的译文加以研究，总结出一些规律性的东西，对于提高自己的翻译能力是大有好处的。

四、翻译的分类

翻译可从不同的角度进行分类。

从涉及的语言符号来分类，可分为语内翻译和语际翻译。语内翻译指的是同一种语言文字内部不同方言之间进行的翻译。例如，普通话与各地方言之间的翻译；书面语体与口语体之间的翻译，如“五四运动”之前的文言文与白话文之间的翻译；不同文体之间的翻译，如将散文译成诗歌。语际翻译指的是不同语言之间所进行的语言转换活动，如将英文译成中文或将中文译成英文等。一般情况下的翻译指的是语际翻译。

从翻译的手段来分类，可分为口译、笔译和机器翻译。而口译又可以分为同声传译、交替传译、视译等。

从翻译的题材来分类，可分为应用文体翻译、科技文献翻译、文学翻译和一般性翻译。应用文体主要包括各类公告、公函、启事、合同、通知等。一般来说，应用文体属于要式文本，格式规范，用语准确；科技文献主要指的是科技论著、科学资料、产品说明等具有专业特色的材料；文学翻译主要指的是文学和文艺作品，如小说、散文、诗歌、戏剧等，文学翻译常以美学为取向，追求译品的艺术价值。

从翻译的处理方式来分类，可分为全译、摘译、编译、节译、译述、综译和译写等。全译指的是不加删节地将原文翻译出来；摘译是指译者根据具体的需要，选取原文的部分内容或章节进行翻译，一般所摘内容为原文的核心部分或内容概要；编译是指译者对原文的内容进行编辑加工；节译指的是在翻译时允许译者在保持内容整体完整性的前提下，对原文进行部分删节；译述指的是译者在对原文内容进行翻译时，加入了客观的介绍，以及自己的看法，而不拘泥于原文的语言表达；综译即综合性的文献翻译，是对同一专题的不同文献（包括不同语言的文本），通过节译和编译，做综合性的加工处理，从而产生一种符合特定需要的综合性译文文本；译写指译者在翻译过程中融入自己的创作、想象和发挥，一部分忠实原文，而大部分是译者自己的创作。

五、翻译的条件

（一）时代背景

时代如同一条河流，自古至今从不静止，一直奔流向前，但是每一段都会留下历史特有的印记。时代如同一片土壤，滋养着先进思想的萌芽，孕育着杰出的先锋者。不同时代背景的人以及他们的思想都彰显着这个时代的特点和追求。[①]

严复作为具有先进思想的知识分子代表，渴望汲取西方文化并通过翻译西方书籍唤醒更多的士大夫阶级。他提出了“信、达、雅”的翻译标准，“信”即忠实于原文，不歪曲事实；“达”即通晓，就是让人读起来能明白其

① 朱燕，闵西鸿，赵娟. 英语翻译理论与技巧研究［M］. 长春：吉林人民出版社，2021：16—30.

中的意思；“雅”是指古雅，是对饱读诗书的老夫子们的妥协，只有这样才能被当时处在传统思维习惯和文化心态中的国人所广泛理解和接受。考虑到当时读书的对象都是些有学识的人，他们欣赏古雅的文体风格，为了迎合他们的阅读习惯，将古雅作为其中的一条标准。

不同的时代背景下，每一种标准都有其存在的意义。张培基在《英汉翻译教程》中将翻译标准概括为“忠实、通顺”。忠实首先包括原作的内容，如思想、观点、立场和感情。忠实包括原作的风格，涉及民族风格、时代风格、语体风格以及作者个人的语言风格，要做到尽可能地还原其本来面目。通顺即行文流畅易懂，符合正常的语言规范。要想使一篇文章翻译得好，那么忠实与通顺是两个必要因素。忠实和通顺是一个矛盾统一体的两方面，二者又是相辅相成的。由于双语文化的差异，绝对的忠实也是不存在的，我们所要求的是尽可能地忠实，做到这两个方面才能最大限度地传达出原文所表达的全部意义和所承载的信息。

（二）译员素质

一部好的作品经过高素质的译员翻译之后，会有锦上添花甚至重获新生的效果。2010 年，毕业于英国牛津大学古汉语专业的博士、翻译家米欧敏（Olivia Milburn）在上海机场无意中买下了作家麦家的《解密》和《暗算》，因被其中精彩的谍战故事所吸引，将《暗算》翻译成英文。由她翻译的英文版《解密》“原汁原味地保留了汉语的韵味”并“创造了流利而优雅的翻译”，使得《解密》最终入选“企鹅经典丛书”，成为入选该丛书的首部当代中国文学作品。

译者“既是原发语篇的接受者，又是目的语篇的创造者，处于‘上情下达’的中间、核心地位。正是：翻译的‘好’与‘坏’，全靠译者的‘思考’和‘感觉’。可谓‘成’也译者，‘败’也译者”。要做到忠实、通顺，译者首先必须对原作有透彻的理解，然后把理解的东西用另一种语言确切地表达出来。比如 girl 这个词可以翻译成姑娘、女孩、女郎。“姑娘”听起来饱含情感，有种由衷的赞美之情；“女孩”给人轻松活泼的感觉，但没有什么特别的情感；而“女郎”充满浪漫气息，如“谋女郎”彰显着艺术天分。选择哪种解释最标准，依赖于译者对原文中这个形象的体会，以及对原文情景和感情色彩的理解。翻译是一个再创造的过程，也是原作在一定程度上的升华，译者素质的高低直接影响着译本的水平。

（三）翻译对象

翻译对象是翻译过程中必须考虑的条件之一，翻译对象直接决定着译本的风格和笔调。首先，对翻译对象的特征必须有一定的了解，比如对象是儿童，那么译文内容要简单化，不能出现长难句，语言要尽可能生动，形象有趣，有画面感，这些都考虑到孩子的理解水平和认知程度。

当今的翻译涉及的领域越来越多，对专业水平的要求也越来越高。不同体裁的翻译要遵循一定的共性标准，即“忠实、通顺”，同时根据各自的特点又有具体的标准。科技翻译的对象是科技工作者，要求数据精准无误，因为很小的翻译误差就会造成巨大的损失。科技翻译属于硬文本，遵循简明易懂、见词明义的简洁性原则和概念准确、一词一译的单译性原则。戏剧的服务对象是观众，要求现场制造的效果，是一种视听艺术，观众既能看到演员的表演，也能听到演员的声音。戏剧作品从一国舞台搬到另一国的舞台上，涉及语言外表的变化，还有文化的移植和接受，目的是让译入语的观众得到与原文观众同等的反应。戏剧对白翻译中没有加注，要求通俗易懂，传递出其中的感情，发挥戏剧的舞台效果和强烈的感染性。

时代在不断地进步，翻译内容的重心随着时代的潮流发生着改变，翻译标准也与时俱进。如今，我们的国家日益强大，在国际舞台上发挥着越来越重要的作用，尤其是在习近平总书记的领导下，越发重视中华传统文化的传承和发扬，也许在将来的某一天，中式英语（Chinglish）不再是不标准的、有错误的，而是与美式英语或英式英语一样。21 世纪的译员是文化的传承者，更应该承担起文化输出的历史使命。在新形势下，我们需要思考该以何种方式，遵循何种翻译原则和标准，让世界了解这个拥有五千年历史和文化底蕴的国家，了解并学习博大精深的中华传统文化。

六、翻译的作用

翻译的作用主要有三个方面：跨语言交际、跨文化交流和推动社会发展。

（一）跨语言交际

语言的基本功能在于交际，作为语言活动的翻译，其作用之一就是满足使用不同语言的民族间的交际需要（即跨语言交际）。翻译是跨语言交际的重要方式。各国政府领导、学术团体、科技人员、经贸商人、旅游人士等不一定都懂外语，更不可能懂多种外语，他们大多数人都是通过翻译和外国人进行交际的。

（二）跨文化交流

翻译的另一作用是帮助世界人民之间进行文化交流。在文明高速发展、科学技术日新月异的今天，为了沟通世界不同民族人民的思想，促进各国、各民族间的文化交流（即跨文化交流），翻译的作用日渐突出。

文化交流的一个重要方面是文学艺术的交流，文学艺术的渊源是有民族性的，然而其社会功能是世界性的。人类在长期的文明发展史中积累了宝贵的精神财富和物质财富，它是属于全人类的。为使全世界各民族享有人类祖先创造的共同财富，为使先进的科学技术服务于全人类，为了建立起连接不同民族、不同文化的桥梁和纽带，创造一个美好的明天，建设一个和平的世界，翻译起着不可低估的作用。

（三）推动社会发展

翻译推动社会的进步与发展，主要体现在它对社会交流与发展的强大推动作用，在于对民族精神和国人思维的影响，还在于对社会变革的直接影响等方面。

在全球化进程不断加快的今天，翻译对于不同文化之间的相互了解、互相尊重、互为补充无疑具有重要的作用。而要发挥翻译在多元文化语境交流中的作用，我们必须明确当今时代翻译所应具有的精神和所肩负的使命。人类社会始终处于发展的状态中，而人类社会越发展，越体现出一种开放与交流的精神。人类社会想要走出封闭的天地，首先必须与外界进行接触，以建立起交流的关系，向着相互理解、共同发展的目标前进。事实上，不同民族语言文化之间的交流是一种需要。以固步自封的态度消极地维护一个民族文化的纯粹性，最后的结果只能是被排除在世界文化的交流、交融之外，造成自身的落后。一种文化，无论其多么辉煌、多么强大，总是存在自身的局限。只有走出自我，在与其他文化的不断碰撞甚至冲突中，才能认识到自身的局限性，并渐渐在与其他文化的相互理解、相互交融中丰富发展。

在世界文化交流的过程中，翻译无疑扮演着重要而独特的角色。雅克·德里达（Jacques Derrida）指出，翻译就是那在多种文化、多种民族之间，因此也是在边界处发生的东西。翻译，在一定意义上说，是不同语言、民族之间进行文化交流的首要保证。无论是口译还是笔译，它都保证了持不同语言、文化的人之间的相互沟通和理解。无论是东方还是西方，一部翻译史，就是一部生动的人类社会的交流与发展史。翻译与社会的发展、文化的积累和丰富以及世界文明的进步是紧密结合在一起的。没有在多种文化的接触、碰撞中起沟通作用的翻译，就无法保证世界各民族文化的共存、交融与发展。

促成不同文化之间的相互理解，实现不同文化的和平共存，这是历史赋予翻译活动的重要使命，所有的翻译工作者和翻译研究者都要勇敢地承担起这一使命。时任中国译协副会长黄友义在第18届世界翻译大会的闭幕式上指出："在全球化的今天，文明多样性仍是人类社会的客观现实，是当今世界的基本特征，也比任何时候都更加显得可贵。而维护人类文明多样性、促进不同文明间的对话与交融、促进人类的共同进步是各国翻译工作者义不容辞的使命和职责。"

第二节　翻译的相关学科

完整的翻译理论体系应是一个由翻译标准和翻译与相关学科的关系经纬交织的网络。只有梳透厘清这层关系，现代译学理论体系才能真正建立。

一、哲学

哲学是人们对于整个社会（自然界、社会和思维）的根本观点的体系，是自然知识和社会知识的概括和总结。它对任何别的学科均有指导意义。

哲学是世界观和方法论的统一。从这个意义上说，哲学从根本上具有工具性，可为各学科所应用。但是，由于哲学思维的思辨性，哲学作为方法论，只提供一般的原则——适合于一切科学研究的最普遍的方法论原则。唯物辩证法是指导人们进行科学研究和社会实践活动的唯一正确的学说。它既是一种世界观，又是方法论。它为一切科学方法规定了必须遵循的普遍原则。

任何一门学科的研究都离不开哲学、逻辑学的思想原则和方法的指导。

哲学、逻辑学跟翻译学的关系就像跟别的学科一样，是指导与被指导的关系，它们是翻译学的基础性学科。它们不是翻译学的交叉学科，因为它们不在译学本体论的要点上交叉。

下面从哲学角度阐述翻译研究的物质性、辩证性与时空观。

（一）物质性

众所周知，语言是思维的物质外壳，离开语言，思维活动就可能中断，翻译也就不能实现。

翻译的物质观认为，储存在人脑的知识单元或所谓“相似块”是主观世界高级组织的物质；语言文字及符号代码系统是客观世界的一般物质。主、客观两个物质世界运动的吻合、协调发展，便产生了翻译思维活动的过程。由于两种物质有别，决定了译作只能是无穷地接近，其峰值便是最佳近似度。根据能量守恒和转换（转化）定律，非孤立系统的转换或传递都有能量的损失。翻译即人为实现的两种语言间的“代码转换”“信息传递”，其损失就不可避免。绝对的“信”或“忠”或“等值”是不可能的。

翻译的物质观还认为，翻译研究应尊重客观，任何臆测、武断、断章取义都是无本之木。翻译理论脱离实际，流于空泛，从哲学高度看，就是脱离客观存在的物质基础。

（二）辩证性

翻译的辩证性存在于翻译活动的各要素之间：译者与原文、意义与形式、译者与社会、原本与社会等。对于翻译实质的辩证性，哲学家贺麟表达得非常透彻，从哲学上讲，所谓翻译又是什么意思呢？翻译乃是译者与原文之间的一种交往活动，这种活动包含了理解、解读、领会、移译等诸多环节，其客观化的结果即为译文，它是译者与原文之间交往活动的凝结和完成。而译文与原文之间的关系亦即言与意、文与道之间的关系。言为心事，为意之……意属形而上，言属形而下，前者为一，后者为多。二者颇似哲学中谈论的体与用、道与器的关系。就此理解，意与言、原文与译文应是统一的，道可传，意可宜。某一真意可用土语向本乡人传达，亦可用京话向国人传达，可用文言与白话向旧、新人传达，亦可用英、法、德文向异邦人传达。

这里，哲学家用体与用、道与器的辩证关系来说明翻译的本质；用与多、意与形的辩证统一来说明内容与形式的统一，说明翻译以表达原文的“一意”为准则，因为译文是原文的一意的不同形式。

在谈到翻译活动与社会的关系时，贺麟在《论翻译》中又说：“翻译的意义与价值在于华化西学，使西洋学问中国化，灌输文化上的新血液，使西学成为国家之一部分……这乃是扩充自我、发展个性的努力，而绝不是埋没个性的奴役。翻译为创造之始，创造为翻译之成。翻译中有创造，创造中有翻译。”这里把翻译与发展、翻译与创造的辩证关系说得再透彻不过了。

（三）时空观

运动是物质的根本属性，时间和空间是运动着的物质的存在形式。哲学家金岳霖在其《知识论》中对意念、时空和语文是这样表述的：所思都是普遍的，普遍的意念无分于特殊的时空，当然也无分于不同的语言文字或引用不同语言文字的人。

人在表述意念或信息时的途径是多向的，多向性也意味着空间性。高新技术的发展要求不断产生新的术语，它给语言带来的影响不仅仅是词汇方面的，也包括修辞的和语用的。information（super）highway 把抽象的无形的电脑网络比作一条条高速公路联结起来的网络，这在修辞上是比喻。在这一比喻的带动下，许多有关交通方面的词语因义生情、因情取义。navigate、tunnel、travel 等词各以其主要义素，通过术语化过程而加入 information highway 的术语系列。信息高速公路方面的词汇通过空间的想象与传播，英汉两种民族文化意境能和谐一致，这正应了我国的古训：天下一致而百虑，同归而殊途。

语言或概念不仅沿着空间序列彼此联系，还沿时间序列发展和变化。在不同社会的不同时期，在不同文化发展阶段产生的翻译理论和原则、翻译技能和方法，不断地丰富着译学研究的内容，但需要不断总结，推陈出新，以臻完善。

二、逻辑学

“逻辑”一词源于希腊文，原指思想、言辞、理性、规律性等。逻辑学是关于思维形式及其规律的科学。译学中的翻译思维主要包括逻辑思维（即抽象思维）和形象思维，而就其主体来说，是逻辑思维。逻辑思维是人们在认识过程中借助概念、判断、推理等思维形式反映客观现实的过程。

（一）思维内容的逻辑性

匈牙利翻译家拉多·久尔吉（Gyorgy Rado）指出：“翻译是逻辑活动，翻译作品是逻辑活动的产物。”把翻译看作逻辑活动，基本的出发点在于人类思维的共同性。思维是全人类的，不同民族存在着共同的思维；语言是民族的，不同民族具有不同的语言。对于同一事物的思维表现形式不一，语言的语法结构不一，语言表达的形式也就不一。西方翻译界重视研究“等值”“对等”“等效”等理论，核心是合乎逻辑的思维活动的对等、思想的对等。奈达的“灵活对等”主要是指“同一信息用两套不同语言表达，接受者不同，却要产生基本相同的效果”。怎么能达到这一点呢？实际上是要求达到用不同语言反映共同的思想。艾弗拉姆·诺姆·乔姆斯基（Avram Noam Chomsky）的转换生成语法，其核心是用数学公式标出逻辑主语和逻辑谓语，从而揭示深层结构怎样转化为表层结构。转换生成语法强调语言的普遍现象，也就注意共性的研究，例如共同的深层结构、抽象的规则系统等等。在两种语言代码的转换过程中，这一共性就是深层语义的一致性，也就是合乎逻辑的思想内容的一致性。

（二）形式逻辑

形式逻辑对翻译研究和翻译实践均有重要意义。在逻辑学中，形式逻辑研究思维形式结构及其规律。思维形式结构是指思维的各个组成部分之间的联系方式，即概念在判断中的联系方式、判断在推理中的联系方式。思维形式结构的正确与否是关系到思维正确性的极为重要的因素。只有遵守逻辑形式的基本规律，如同一律、矛盾律、排中律和充足理由律及它们导出的逻辑规则，才能保证人们的思维清晰，无逻辑矛盾，前后一致并有论证性。逻辑思维贯穿在整个翻译研究过程之中，特别在应用对比、调查、描写、论证等具体方法时要符合形式逻辑的基本规律。形式逻辑也是翻译实践的重要武器，许多翻译错误跟形式逻辑不当有关。

（三）语言逻辑

人们的思维具有一定的语言形式，例如英语、汉语、日语等。语言逻辑研究思维在语言中的表现形式。东西方民族思维方式和思维角度的不同导致语言形式的不同，不同语言有各自的语言逻辑。例如，英语民族的思维反映现实要素的顺序是：某一主体—主体的行为+行为的客体+行为标志。这一思维习惯构成英语句法结构的顺序为：主语+谓语+宾语+状语。这种基本句法结构又引起一连串的连锁反应，如英语长定语后置等。汉民族反映现实要素的思维顺序是：某一主体的行为标志—主体的行为—行为客体。相应的汉语句法结构是：主语+状语+谓语+宾语。随之而来的连锁反应是：状语、定语一般前置，不需要复杂的动词时态体系（因为行为标志已指明在先）。这样，在翻译过程中，大多不能照搬原文结构，而是须根据译文的表达习惯，对原文结构进行转换、增删和调整，其依据还是逻辑思维。

许国璋先生指出：“‘斤斤于字比句次’恐怕是今天多数学术译著读不懂的主要原因，对原意理解不深，因而不敢‘颠倒附益’，是读不懂的又一原因。我主张通译、切译、言之有文的翻译。”他又说：“不按单句翻译，而按句段译出。用流水句法，不用三四十字的竹节句。”这正是从不同的语言逻辑出发，对不同语言的表达所做的概括。

三、符号学

翻译是通过不同语言符号的转换来传递意义的。仅仅用语言学理论做指导来理解语言的意义是不够的，因为意义还存在于其他意义系统之中，即存在于非语言符号的其他代码之中，孤立地研究一种代码将不能充分理解意义。正因为这样，翻译理论的基础还应建立在一种在社会中构建并被视为社会实践的一切符号系统的理论上，这就是社会符号学理论。

（一）符号学及其对译学的理论支持

符号学是19世纪末20世纪初发展起来的学科。它研究符号的本质、符号的发展规律、符号与人类各种活动的关系，也研究符号的意义。美国哲学家查尔斯·莫里斯（Charles William Morris）提出符号过程的三项关系为：符号和对象之间的关系、符号和解释者之间的关系以及符号相互之间的形式关系。对应这三种关系的是三种符号学意义，即指称意义、语用意义和内部意义。根据莫里斯的三项关系，符号学又有三大分支：第一，语义学，主要研究符号与思维反应之间的关系，研究符号所表示的意义，研究语言符号与其意义之间的普遍关系；第二，语用学，以语言符号与人的关系作为研究对象，它既研究语词、语句对于人的意义与功能，也研究人对于语词、语句的创造和应用；第三，符号关系学，主要以符号与符号之间的关系作为研究对象，研究时不考虑语言符号与社会的联系以及与所指事物的关系。总的来说，符号学是把语言、心理、社会、哲学等因素放在一起研究符号的一门学科。

人类创造文化依赖符号活动。人就是进行符号活动的动物。翻译是不同语言的转换，这种转换本身也是一种符号活动。符号学概括了语言交际中可能具有的最多种类的意义，它强调与信息有关的一切都有意义。Translation means translating meaning 正是在意义的认识和传译上，符号学补语言学之不足，为译学提供更加充分的理论依据。此外，符号学还为译学中对译者和读者的研究提供理论原则。

（二）符号学的翻译观

符号学的翻译观，其基础是把翻译看作跨文化的交际活动。翻译活动的操作对象是社会文化信息，而社会文化信息是由各种各样的符号体系所承载的。在人类社会中，语言是最重要的文化载体。但是，原语文化和译语文化在性质和内容上往往存在差异，这会导致语义的不对应或不全对应。为了避免从译语文化观点出发曲解原文，译者不仅应掌握原语的语言系统，还应了解该语言所属的整个文化系统，并在翻译过程中对语义的文化相关性加以注意。

例如，英语隐喻 He is a fox 可以译成“他是一只狐狸”，因为英语国家和汉民族都把狐狸跟“狡猾”联系起来。但是 She is a cat 却不能译成“她是一只猫”，因为中国文化中从来不把猫跟“包藏祸心的女人”联系在一起。语义的不对应性使原语与译语不可能完全等值。为了弥补语义不对应性引起的意义缺损，补偿手段是不可缺少的。

翻译应当寻求内涵意义等值。而内涵意义给人的联想随文化环境而不同。这就是说，所指意义完全不同的语言符号，只要内涵意义一致，就可以互相转译。

（三）社会符号学的翻译原则

1. 翻译即译意

从符号学的角度来看，构成文本的任何符号都有意义。一般来说，实词具有指称意义，虚词更多的是具有语法意义。当词与词组合成句、由句组合成段或篇章时，产生了言内意义、指称意义或语用意义，或三者中两者的意义，或全部意义。翻译就是要努力传递这些意义。

2. 意义即关系

意义即关系是弗迪南·德·索绪尔（Ferdinand de Saussure）的至理名言。在词义层面上，两种语符通常存在着对等、包孕、交叉和空缺四种关系。因而原语与译语的词义往往存在完全对等、部分对等和不对等三种关系，也正是翻译中采用直译、意译、释义或音译的原因所在，翻译的可译性限度与不可译性限度也基于此。

3. 意义与功能双全

在评定译文质量时，社会符号学持意义和功能的双重标准。意义和功能两者相互联系、相辅相成。彼得·纽马克（Peter Newmark）将语言符号分为六种功能：表情功能、信息功能、祈使功能、美感功能、酬应功能和元语言功能。这些功能本身都具有一定意义，因此要求译文保全原文的意义与功能。

4. 表达非语言符号

非语言符号是指通过视觉、触觉、嗅觉感受到的姿态、外貌、语音语调、气味等等。语言符号作为思想的直接实现，不仅是具体事物的抽象符号，而且反映了种、类以及事物与事物之间的关系。这些在译语中应该予以体现。

5. 解码与编码相应

翻译过程也被认为是解码与编码的过程。任何语言符号都可以被解码，任何语言符号也都可以用于编码。只是在跨语符的翻译过程中要注意，解码时，原语中可能承载不同的符号系统，语言系统只是主要的一种（别的系统均存在于社会中，具有社会性）；编码时，译语中的符号系统在指称、言内、语用方面力求与原语相应或相符。

6. 允许差异

由于人们的社会阅历、生活习惯、知识结构等方面的差异，对符号的解释往往因人而异，所以有一千个读者就有一千个哈姆雷特。当然，也允许译者对符号的解释有这样或那样的差异。比较理想的是殊途同归：同一原文的不同译文在意义和功能上相同或接近。

（四）符号学的应用

符号学是分析符号最全面的系统，文字符号的意义永远涉及一定的社会情景。对符号的解释与符号所在的结构有关。这就是说，任何文字符号的意义只能借助与其有关的符号才能得到解释。由于符号学能多视角地、综合地去认识和解释翻译，将翻译与社会文化紧密地结合起来，将两种语言符号转换过程中意义传递的性质和功能和盘托出，所以，符号学的理论原则已成为当今翻译研究的理论基础，成为翻译学的交叉学科之一，以至国外翻译研究的语言学派和文艺学派都不得不求助它。

国外语言学派的代表人物之一、前苏联翻译理论家巴尔胡达罗夫（Barkhudarov）在其《语言与翻译》一书的“语义与翻译”一章中专门介绍了现代符号学的符号三大关系及相应的三大类型的意义，并在结束语中强调：“应当理解话语作为一个整体的意义，也就是整个言语产物中各个语言单位‘一体化’（三种类型）的意义。”他把“对翻译这种语际转换过程实质的理解”“限制在‘语义符号学模式’思维的范围内”。文艺学派也不甘示弱，同样对符号学在翻译理论中的应用有独特的阐发。前捷克斯洛伐克翻译理论家安东·波波维奇（Anton Popovic）的《文学翻译问题》一书专辟一章讨论文学翻译的符号学问题，着重分析文学翻译的时间关系（历时和共时关系）和空间关系（文化环境），并得出结论：“翻译活动乃是符号的操作。”奈达与让·德·瓦尔德（Jan De Waard）在《从一种语言到另一种语言：论〈圣经〉翻译中的功能对等》一书中指出了符号学对翻译理论研究的重要性。他们说：“交际理论的不足在于广度不够，即没有提供充分的根据使人们了解各种不同话语水平上的语言符号的本性，也没有充分剖析语言与文化之间的关系，这就使得以社会符号学为方向的翻译研究显得尤为重要了。”

我国翻译理论研究者也普遍重视符号学或社会符号学的应用。自 20 世纪 80 年代中期引入符号学翻译理论以来，多有专论和专著发表。

四、心理学

长期以来，翻译研究的对象往往是翻译客体——原文及其译品。对原文的研究包括对原文各种信息的研究，如语言形式、文体风格、社会背景、文化习俗、美学功能等。而对译品的研究又多着眼于译文的语言形式、思想内容、处理手法、翻译技能等方面。诚然，对翻译客体的比较、分析和评论有助于译文质量的提高，是翻译研究必不可少的部分。但是，翻译作为一种传递信息的双语转换活动，表现为一种心理过程——译者直接受语言信号刺激而在大脑中进行的一系列思维、想象等心理活动的过程。心理学正是与译学本体论中的中心点——翻译思维交叉而成为其交叉学科的。心理学可为译学提供阐释翻译心理活动、心理定式、译者个性的理论基础；心理结构的比较研究有助于理解原文作者的创作心理；运用社会心理学的方法有助于探知读者的反应与需求。

（一）翻译心理活动系统

翻译过程是心理活动过程，表现为一个完整的翻译心理活动系统。从心理活动的性质来分析，该系统可区分为意向活动和认识活动两大分支。

1. 意向活动（对待活动）

态度意向：情绪、意志、行动。

目标意向：注意、兴趣、需要、愿望。

2. 认识活动（反映活动）

初级认识：感觉、知觉、表象、记忆。

高级认识：创造性想象、创造性思维、形象思维、抽象思维、直觉思维。

在翻译过程中，认识活动起主导作用，想象和思维处于核心地位。译者需要通过想象和思维，特别是抽象思维，才能正确理解原著。在表达阶段，虽然译者的认识活动是主要的，但意向活动占有一定地位。这时，译者的意志、情感、兴趣、对翻译的激情以及审美理想等会自觉或不自觉地有所反应，以至在译品中有翻译个性的投影，形成所谓译者风格特征。

（二）翻译过程中的心理定势

根据心理学的观点，任何事物的客观反映都有一个思维过程，要经过认知、理解、分析、判断等阶段。翻译过程就是译者运用大脑对接受的原语信号进行认知、分析、判断、记忆（特别是对口译来说），把信号客观地转换为译语信号的过程。

译者首先接受原语信号，然后在记忆、控制、转换三者的交替作用下，使译文得以完善，最后在力图保持原语的各项信息的情况下译出。在这个过程中，除了译者的语言水平外，采取何种思维方式都会影响译品的质量。语言文字符号只能是一维的线性排列，而人们的思维和认识可以向纵深展开。语言文字的线性序列与思维的多维性存在着矛盾。译者和翻译理论研究者应该把研究文字表达的心理定势作为自己的一项任务；对比不同民族思维方式存在的差异，找出合适的、有效的手段来尽可能完整地再现原语包含的信息。

在文字的形成和使用过程中，不同民族有不同的心理定势。对于同一种交通工具，汉语称为“火车”，是从火车燃煤生火的直观现象来命名的；日语为“汽車”，是从蒸汽做原动力的角度来命名的；而英语称为 train（a line of connected railway carriages drawn by an engine），即“列车”，是根据外观来命名的。又如轧钢厂的一种冷却设备，英文为 hot bed，汉语命名为“冷床”，而不是译为“热床”。这也是命名的心理定势不同所致。汉语的“冷床”可解释为 the bed for cooling（冷却用的床架）；而英语叫 hot bed，是因为床面承载炽热的物体。一个从它的功能而言，一个从它的表象而言，所指同一事物。在词汇的运用方面，英语常用一事物（表示局部或相似功能）代替另一事物，例如，wheel—car、chimney—house、drawer—desk、hand/mouth—people、pump—heart、fiter—kidney、green—agriculture、honey—bee、flame—candle 等。

心理定势的差异不仅存在于词语与概念中，而且存在于句子结构和话语中。汉语句子的信息重心经常在后：先因后果，先假设后求证，先让步后论。总之，把需要交代和说明的情况先写出来，然后才是主干。而英语正好相反，说话开门见山，主句在前，从句在后。

（三）翻译个性的心理研究

翻译的心理学研究还在于对个性的研究，包括作者个性和译者个性的研究。个性是普通心理学的一个范畴。个性是指一个人的整体精神面貌，即具有一定倾向性的心理特征的总和。“文如其人”即指原文或译文均能反映作者或译者的个性。译者的任务在于再现原作的面貌和精神：原作是细致说理的，译文也细致说理；原作是高举想象之翼的，译文也高举想象之翼。一篇文章的风格只是作者为表达特定内容而运用语言的个人方式，它与内容是血肉一体的，而不是外加的、美化的成分。译文既要保持原作的个性，又可有译者的个性，两者是可以和谐统一的。

首先，每一个个性都具有作为人的共同性。这种共同性既表现在人的自然属性上（例如，高度发达的大脑、神经机制中的第二信号系统等），也表现在人的社会属性上（例如，民族性、阶级性、职业性等），两种属性并存。这种个性的共同性是译者能理解和翻译原作者通过原著表现的个性的基础。其次，每一个个性中都具有区别于他人的独特性，表现为不脱离人的共同性的独特心理特征及精神风貌，表现于能力、气质、性格、信念、理想和世界观等。这样，就理解与创造来说，译著就具有双重性，一方面是作者自身的影子（占主要地位）；另一方面是译者的影子。当然，译者个性不是指误译、胡译，更不是指译者主观随意地解释他人的作品。相反，翻译个性是在忠于原著的大框架下对原著所做的选择性的表达。

五、思维学

翻译过程从语言始，又以语言终。然而，语言只是外化的思维载体。思维和语言是相互作用的，但相互作用双方的力量是不平衡的，其中，思维对语言的作用是决定性的。因此，翻译的内在规律在于人脑的思维。思维学对翻译思维从理论上予以解释并从实践上提供方法，因而成为翻译学重要的交叉学科之一。它对翻译学的贡献是多方面的。

（一）思维的共性和个性

思维的共性是翻译的基础。思维能力和规律也具有人类性，共同的思维能力和思维规律使人们对相同的事物可能取得共同的认识。思维反映现实和语言不可分割地联系着。一般地说，不论从思维的产生、发展的历史过程来看，还是从认识的逻辑过程来看，不仅思维依靠语言表达，而且就其形成来说，一般也需要借助语言。语言是思维的物质外壳，思维则是语言的思想内容。在双语转换过程中，翻译客体（原作及其作者）和翻译主体（译者）之间的沟通靠的是共同的思维规律，必须取得共识的是思维内容。所以，思维活动在翻译过程的心理机制中占有中心的、主导的位置。思维活动的规律及其内容制约着翻译活动的全过程。

思维的人类性是共性，民族性是个性。对于同一思维内容，不同民族的思维角度可能不一致。如汉语表示“做一件事得到两方面的好处”，有一成语为“一举两得”，如改用形象的说法，可说“一箭双雕”。相应的英语成语为 to kill two birds with one stone（一石双鸟），德语为 zwei Fliegen mit einer Klappe schlagen（一个拍子打两只苍蝇），法语为 Faire d'une pierre deux coups(一块石头打两处)。这里，思维内容是十分接近的，都表示“用一种工具达到两个目的”，只是思维方式与形象不一样。思维上的这些民族特征从语言差异上反映出来。这种差异靠语言本身的规则是解决不了的，只能靠研究民族文化和与此相关的不同思维特点去解决。对于个体来说，思维的人类性是共性，民族性亦是一定范围内的共性。译者用自己的思想把握外部世界，形成自己的认识，并由此形成自己的内心世界和外化表现。但是，译者个人生活在一定的社会关系中，生活在一定的社会环境里，总是受到各种条件的制约，也受到个体差异的制约。在翻译过程中，他还受到原作风格和原作者思维方式的制约。而且，在同一历史时期的同样的社会条件下，译者受教育的状况、实践水平和认识能力、文化素养和知识结构、思维方式和认识工具，乃至生活和心理状况等也都是制约他的思维的重要因素。在这些因素的作用下，不同译者的思维表现出一定差异性。在不同的历史时期，不同的国家、民族，上述制约尤为显著。由此来看，译者思维在任何时候、任何条件下都有其局限性。

（二）思维结构

思维结构是认识内容内化于人脑中而形成的能参与人脑思维活动的意识系统。所以思维结构是一种功能结构，它在翻译活动中发挥作用，是主体翻译能力的主要构成因素。思维结构具有两种功能：认识功能和实践功能。对于译者来说，即为理解功能和表达功能。

1. 思维结构的认识功能

思维结构是与一定知识结构相联系的具有主体性认识能力和协调能力的统一体。译者通过学习和实践，在大脑中贮存着各种各样的信息，形成知识结构。知识结构可分成许许多多知识单元，有人把它们称为“相似块”。原文中的每一个词、短语、句子、段落都会激活贮存在译者思维结构中的相似块，与之耦合、接通，从而实现其认识功能或理解功能。

思维结构在主体认识过程中的作用主要表现在两方面：选择和捕捉反映对象；调整和组织反映材料，构建认识内容。

由于思维结构的不同，人们的反映能力便有所不同，于是在选择反映对象时就会出现差异。思维结构对反映对象的选择是认识活动中的一种普遍现象。

一切认识活动都包含着思维主体对反映对象的有意无意的选择。例如，同样读一部英文小说，一般读者可能只注意其情节或欣赏其描写手法，而作为译者的读者却需要通过逻辑思维和形象思维的方法，对小说中的情节和描述进行分类、分析、比照、鉴别、综合，找出原文的结构层次，及其内涵之间的本质联系，沟通原语文化和译语文化之间的联系，这样，才能对原作深入理解。这是一般读者与作为译者的读者对反映对象的不同选择。同样，译者之间的思维结构也有差别，因而对反映对象也会有不同的选择。在选择反映对象时，“读万卷书，行万里路”者当然比“初出茅庐”者更深刻、更精确。

思维结构能够整理和组织反映材料，并在此基础上构建认识内容。思维结构对感觉材料的加工整理，即人脑中原有的知识单元或相似块与外来新信息的比照、融合和同化，将感觉材料纳入自己原有的逻辑、形象、意向等观念系统，从而形成不同形式的新的认识内容。译者的重要任务之一就是要构建认识内容，并在此基础上加以表达。严复认为：“穷理与从政相同，皆贵集思广益。”他的做法是：“今遇原文所论，与他书有异同者，辄就谫陋所知，列入后案，以资参考。间亦附以己见，取《诗》称嘤求，《易》言丽泽之义。”有时，译者甚至可以捕捉到原作者没有意识的、非自觉的东西，并使之上升为自觉的内容。这时，译者已不仅仅是两种语言的中介者，而是已经成为艺术审美的再创造者了。

2. 思维结构的实践功能

思维结构的另一基本功能为实践功能。思维结构的认识功能是实践功能的基础，而发挥实践功能则是发挥认识功能的继续。在翻译过程中，对原文的理解需要发挥思维结构的认识功能，在理解基础上的结构译文和表达译文则需发挥其实践功能。

思维结构内容的输出有两种实践方式：一种是直接改造客观世界或客观事物的实践活动；另一种是通过声音、文字等符号向外传播。翻译属于后一种实践活动。

思维结构内容以实践方式的输出并不是单向的活动，思维结构的实践功能还包括对实践活动的控制和信息反馈。在翻译过程中，译者对译文反复推敲、仔细琢磨，通过接受反馈的信息来控制翻译实践活动。

对此，严复有言：新理踵出，名目纷繁，索之中文，渺不可得，即有牵合，终嫌参差。译者遇此，独有自具衡量，即义定名。顾其事有甚难者，即如此书上卷导言十余篇，乃因正论理深，先敷浅说，仆始翻“卮言”，而钱塘夏穗卿曾佑病其滥恶，谓内典原有此种，可名“悬谈”。及桐城吴丈挚甫汝纶见之，又谓“卮言”既成滥词，“悬谈”亦沿释氏，均非能自树立者所为，不如用诸子旧例，随篇标目为佳。穗卿又谓：如此则篇目为文，于原书建立一本之义稍晦。而悬谈、悬疏诸名，悬者玄也，乃会撮精旨之言，与此不合，必不可用。于是乃依其原目，质译“导言”，而分注吴之篇目于下，取便阅者。

可见，在翻译实践活动中，必然会出现思维结构内容同对象（原文）是否符合的问题，并通过人脑反馈信息，然后思维结构对反馈的信息重新加工并输出，使思维结构内容同对象更加符合。这就是译文不断完善的过程。

（三）翻译思维的种类

抽象思维和形象思维是翻译过程中的两种主要的思维形式。但是，比较而言，译者的思维从主体上是抽象思维。此外，灵感思维也是译者不可缺少的思维活动。

1. 抽象思维

抽象思维即逻辑思维。这是人们在认识过程中借助概念、判断、推理等思维形式反映客观现实的过程。翻译者探究的宏观行文体式、语言结构和语义系统凭借的主要不是具象，也不是形体动作，而是概念、判断和推理。这就是说，翻译者的思维活动形式是运用他所掌握的语法概念判断句中词项与词项、句子各部分以及句子与句子之间的关系，以推断语义，构建总体的语义结构。除语法概念以外，翻译者必须运用他所掌握的专业概念以及各有关领域的知识，否则，他就不能进行正确的判断和推理，不能符合规律地进行语际间转换的思维活动，当然也就不可能正确地认识原语。

2. 形象思维

形象思维也是翻译思维的主要模式。任何文体（包括科技翻译、政论翻译）都需要形象思维。翻译工作者在整个翻译过程中离不开用形象来进行思维活动。特别是文学翻译工作者，他们要通过形象思维来再度塑造原作构建的典型环境、典型情节和典型性格，并利用具体的形象素材，运用具体的典型艺术形式来再现原作所体现的客观现实。科技翻译实际上也需要进行形象思维。例如，在翻译有关设备的技术资料时，未必有机会见过这类设备，即使能见到整体，也未必能将零件拆卸而直观其各种构件。这时，译者就需要依据原文中所提供的信息建立起总体构思，设想整套设备的构造和运行状态，然后用译语描述出来。实际上，文学和科学都离不开形象，这正是文学和科学的会合点。

语言既是抽象思维的描述工具，又是形象思维、灵感思维的描述工具。从事任何一类翻译都不能偏废其中任何一种思维形式。抽象思维、形象思维和灵感思维并不相互排斥，而是相互沟通、相互补充，只是在不同类别的翻译中，其作用不同而已。

3. 灵感思维

灵感思维与通常的思维活动在表现形式上不同。通常的思维活动是有意识发动的被意识到的思维活动，亦即显思维活动。灵感思维过程是潜思维活动转化为显思维活动的过程。潜思维内容被意识到并转化为显思维内容的过程就是灵感的出现。从心理上讲，译者突然获得非凡的或期待已久的创造性想象或译法，从而迅速消除译笔的阻滞。由此，常带来一种“踏破铁鞋无觅处，得来全不费工夫”的释然感。

（四）思维方式

思维方式是指主体获取、加工、输出信息的方式。某种思维方式一旦形成，人们便总是自觉不自觉地按照它来进行思维活动，形成一连串的结论或观念形态的产品。同一种思维方式被不同的思维主体所采用，往往得出大体相同的结论，因而思维方式具有规范性和指向性。某种思维方式一旦形成，往往为该时代大多数人所普遍采用，因而具有普遍性和典型性。思维方式还具有地域性和民族性。在翻译过程中，不同的思维方式碰撞、调和、融合，最后常以译语民族的思维方式为主输出思维结构内容。

一般认为，思维方式包括知识、观念、方法、智力、情感、意志、语言、习惯等八大要素。其中，语言是十分突出的要素，因为语言是思维成果的凝结，它记录着思维成果，使思维方式得以形成，并使之成为人类交往的一种方式。

译者只有了解因不同文化传统、生活习俗、地理环境、生产劳动等引起的异民族的不同思维方式，才能很好地进行翻译。不同语言中的习语往往反映出不同的思维方式。例如，“说曹操，曹操就到”是汉民族历史文化的产物，英语的对应谚语是“talk of the devil，and he is sure to appear/speak of angels，and you will hear their wings”，带有西方宗教色彩。英国人早期用马耕地，则说 work like a horse；我国用牛耕地，则说“像老黄牛一样干活”。再从地理环境来看，我国常说“东风送暖”，而英格兰则说“西风送暖”。凡此种种，如果译者的思维方式固守原语的疆界，恐不能为译入语读者所接受，所以，翻译也是在一定程度上的思维方式的转换。思维方式的不同不仅表现在语言内容上，而且表现在语言结构上。英语造句不可缺少主语，而汉语注重主题；英语多形合，汉语多意合；英语趋向复合，汉语趋向简约；英语多用名词，汉语多用动词；等等。如果译者在表达时就词论词，就句论句，而不从不同民族的思维方式和造句心理上进行考虑，恐不得要领。

中华民族传统的思维方式受儒家文化和道家文化的影响，重视人与自然相通，强调人的社会伦理生活，是一种朴素的辩证思维方式，形成了区别于世界其他民族的思维定势。但是，传统的思维方式深深地打上了历史的烙印，具有保守性。翻译不但要引进先进的科学技术和文化思想，而且要引进有利于我国社会主义建设的新的思维方式。

第三节　翻译技能概述

翻译的技巧就是变通的技巧。原语和译入语差别如此之大，不变通无法进行翻译。于是人们创造了一系列可以帮助译者完成翻译任务的具体方法。这些方法表面上看只是示人以路径的操作技能，但每一个技巧后面都有其存在的语言文化基础。因此，在介绍技巧本身的同时也十分简洁地提一下每个技巧背后的跨文化语言学的基础是有益的，因为，这种对技巧较为深入的了解可能帮助译者在其他情况下触类旁通，更灵活地使用技巧，甚至能打开思路，创造出新的方法。①

那么，怎样的翻译技能才能事半功倍呢？应该说，不同的人可以从不同的角度讨论技巧问题，但基本上都殊途同归到一些相同的技巧上。不过有些角度新颖，就会有耳目一新的感觉。

---

① 陈晓丹. 英语翻译与文学语言研究［M］. 长春：吉林文史出版社，2023：99-103.

技巧是克服跨文化障碍的手段。翻译中的障碍大多来自词性、词的语义结构和句法结构等方面的差异。所以，这些技巧和手段的作用点也常常是词性、语义结构、句法结构。常用的技巧种类繁多，但主要包括词性转换法、加减重复法、反面着笔法、分合移位法以及专门针对句型结构的方法，如定语从句的译法、状语从句的译法、被动句的译法等。这些都是用在表达阶段的方法。另外，在理解阶段如何厘清短语中词之间的关系也是至关重要的。

一、翻译的基本原则

（一）连贯性原则

连贯性是指所谓的语言翻译必须让接受者了解，在目标语言的文化和翻译的交际环境中有意义。这就要求译文必须按照中文文法、说话习惯，要让人看懂。如果翻译出来的文字让人看不懂，就失去了翻译的价值。因此，译者翻译时必须在传达思想的同时，做好语言习惯的转化，以便译文能够成为规范的汉语，被汉语阅读者接受。

（二）忠诚性原则

翻译就是用中文把要翻译的文章中所表达的思想、主张、感情等正确表达出来，因而难免会遇到译者不同意或不熟悉的内容和观点，如果不能表达准确，就不能算作翻译了。因此，在翻译的过程中，译者没有选择的权利，不能掺杂自己的见解，即使原文中有自己不赞成的地方，也不能随意改动。任何句子的翻译都必须准确、完整地传达原文作者的思想，尽量保持原文的特色，译文要忠于原文。

（三）等效性原则

功能对等的翻译原则最早是由美国著名的翻译理论家、语言学家奈达提出来的。在奈达看来，译文是否忠实于原文，最重要的标准是译语读者和原语读者的心理反应是否一致，是否对等，而不应该仅仅局限于表面的形式结构、篇章特点。这就是说，翻译的最高境界不是语言的对等，而是读者心理反应的对等。换言之，翻译活动不仅要传达原文表层的含义，还要表达其深层的含义。

二、翻译的常用技巧

翻译是沟通两种语言的桥梁。通过这一桥梁，将原文所表达的思想内容用译文语言形式进行传达，这就需要同时和两种语言打交道。通过英汉语言的对比，明确两种语言表示同一意义的方法和异同，并在此基础上找出同一文中存在不同之处的最典型的方法，这就是翻译技能。

翻译技能是人们在翻译实践中总结出来的一些行之有效的具体手法。恰当使用翻译技能可以使译文忠实、顺畅地再现原作内容，更加符合译文语言的表达习惯。人们已总结出不少翻译技能，对于常用的翻译技能也已经做了大量的论述和讲解。英汉翻译中常用的技巧有：遣词法、换译法、增译法、重译法、省译法、反译法、分译法、倒译法等等。

（一）遣词法

遣词法就是在翻译过程中进行遣词用字，精选词语，准确表达，真实再现原文意义和风格。

英汉两种语言在词汇语义含量、词义对应关系、词汇搭配用法以及词义的感情色彩等方面都有很大差异，因而在表达同一思想内容时，常常使用不同的词汇。要想解决这一矛盾，保证译文质量，在正确理解原文意义的基础上，必须考虑译文语言表达该意思用什么词最为恰当，准确选出相应的对等词。理解和选词必须依托一定的上下文语言环境。

遣词用字是否恰当是翻译中一个十分重要的问题，也是翻译的基本功，翻译中的遣词法的运用应遵循下列原则。

1. 根据上下文准确判断词义

遣词的前提是准确把握词义，而词义的把握往往取决于上下文语言环境。

2. 分清词义的褒贬

人们在使用语言表达思想时，往往带有感情色彩，这种感情色彩表现在词语上大多都有褒贬意义。在翻译中必须把握词的褒贬意义，并且准确无误地将其表达出来。

3. 讲究译文词语熔炼

言之无文，行之不远。在正确选择词义的基础上，要讲究炼词。既要准确恰当，又要精练优美。通过推敲，选用精美的词语，使译文更加传神。

（二）换译法

换译法，就是在翻译过程中进行词类转换。从语法角度考察，英语中一个词能充当句子的成分与汉语相比显得较少，且充当不同成分时常需要改变词类。此外，英汉两种语言的词类使用频率不同。英译汉时，应根据汉语的行文习惯，对词类做必要的转换，使译文通顺流畅。

（三）增译法

通过英汉语言的对比，可以发现英语虽没有量词、助词，其意义却隐含其中。另外，英语一些不及物动词本身意义就很完整（宾语常隐含其中），汉译时应根据上下文的需要增译出来，否则意义就不完整。

（四）重译法

为了使语言简练，英语经常避免重复，而汉语则不怕重复。英语中经常使用一个动词接几个宾语（或几个表语），相同的动词可省略，或大量使用代词以避免重复名词。在上述情况下，汉语可以采取重复的手法。英汉翻译时就经常采用重译法，处理英汉两种语言表达上的差异。

（五）省译法

英汉两种语言在表达方式上有所不同，翻译时为了符合汉语习惯，在不损害原意的情况下常常可以省译一些可有可无或不符合汉语句法的词语，目的是使译文更加通顺，意思更为清楚，更忠实于原文。

1. 冠词、代词、介词、连词的省译

英语中有冠词，汉语没有这一词类，英语的代词、介词用得也远比汉语多。上述词类汉译时往往可以省略不译，省译后意思并不含混，反而更为简练明白。

2. 系动词的省译

英汉语在谓语成分上一个明显的差异是：英语的句子不能缺少动词，即使是交代或说明人物或事物的性质或情况，也要用一个系动词，汉语的谓语不一定非有动词不可，其谓语也可以是形容词、数量结构、方位结构或名词等。因此，在翻译中，英语的系动词一般可以省译。

3. 修辞性省译

删去一些繁复的词语，避免由于啰唆而引起的意义不清楚，以求译文简练，层次分明。

在翻译过程中，许多在原文中必不可少的词语，若是原原本本地译成汉语，就会成为不必要的冗词，译文会显得十分累赘。省译法在英汉翻译中使用非常广泛，其主要目的是删去一些可有可无、不符合译文习惯表达法的词语。英译汉常见的省译情况有：代词的省译；冠词的省译；介词的省译；连词的省译；动词的省译；非人称代词“it”的省译等。因语法的需要，如果不省去这些词语，译文就会显得拖泥带水，甚至会出现画蛇添足的结果。从一定的意义上来讲，增译法中的规律反过来就是省译法的规律。

（六）反译法

英汉两个民族由于文化背景的不同，思维方式的差异以及认识事物的方法有别，经常会出现两民族的人从不同的侧面看待同一事物。这样，就使得英汉两种语言在表达习惯上有不一致的情况，但均可以从正面或反面表达同一概念。英汉翻译时如果用正面表达有困难，译文欠通顺，则需要改用反面表达，或将反面表达改成正面表达。柯平在其《英汉与汉英翻译教程》中称之为“视点转换”。他认为采用这种手段的理由是原语和译语文化之间可能存在的认知和思维习惯上的差异。

使用反译法，通常是在译文中，将原文有些肯定或正面表达的一些说法译为否定或反面的说法，或将原文中一些否定或从反面表达的一些说法改为肯定或正面的说法。这种变换绝对不是改变原文意义，而是在保存原作意思的前提下，使译文更加符合译语的表达习惯，符合行文的需要或修辞的需要。

（七）分译法

分译法源于英汉语法结构的差异。一般来说，英语长句、复杂句较多，而汉语句子一般比较短，且句式结构不如英语那么复杂。为了符合汉语表达习惯，翻译时，经常把一些词语或句子拆开来分译。

1. 句子分译

句子分译是分译法的主要内容。下面简要叙述句子分译时常见的情况。

一个长句包含作者的多步逻辑推理，英汉翻译时，可用分译法；当修饰主语的成分，特别是非限制性定语从句太长时，要使用分译法；宾语修饰成分太长时，需要分译；当状语太长而硬译成一句则读起来不通顺，或不容易理解时，应该分译；一个长句的从句实际上起着过渡或承上启下的作用，也就是说这个从句可以帮助长句的前一部分向后一部分过渡，这时要分译出来。含定语从句的句子，除少数情况外，这类句子都是长句。在英汉互译时，特别是在英译汉中，如能将定语从句译成前置定语，则尽量避免其他译法；如译成前置定语不合适，则按其他方法翻译，一般是分译成另外一个独立的句子或另一种从句，如状语从句等。

2. 单词分译

分译法作为一种翻译技能，它除了指句子分译外，还指单词分译。单词分译包括某些词语意义的分译、单词搭配的分译、灵活对等分译、修辞性词语分译等。

单词语义分译：英语中有些单词的语义呈综合型，即一个词内集合了几个语义成分。译成汉语时，不易找到合适的对等词，很难将其词义一下全部表达出来。这种情况，汉译时可采用分析型，即“扩展型”的方法分译原语，将其语义成分分布到几个不同的词语上。

（八）倒译法

倒译法就是翻译时进行词序调整，是指译文与原文相比，词序发生了变化。根据前面英汉思维方式的比较，我们知道中国人思维上整体优先，从整体到部分的思维方法反映到语言上，就是在时间和空间概念上从大到小的排列顺序。而英美人则恰恰相反，英美人思考问题的程序是从小到大。这里就包含着两种文化和思维方式的差异，这是两民族在各自文化氛围中形成的具有各自特色的考虑问题和认识事物的习惯方式和方法。

英美人写信时地址顺序是：收信人—住宅门牌号—街道名—城镇名—省名—国名，而中国人的顺序与之恰恰相反。时空顺序的表达也是如此。此外，英汉两种语言的句子中，词序或语序往往不尽相同，分句顺序有时也有差异，英汉翻译时，应根据汉语的表达习惯做一些必要的词序调整。

英语和汉语在语法结构上有着许多差别。在翻译过程中，对原文的词序照抄照搬，丝毫不考虑译文的习惯，这样的机械性翻译，定会显得滑稽可笑，译文根本无通顺可言。翻译时根据译文的语言习惯，运用倒译法对原文的词序进行调整，使译文做到最大限度上的通顺。

三、翻译的文化差异

（一）造成中西文化差异的原因

1. 地理环境造成文化差异

地理文化是指因所处的地理环境而形成的文化。由于各民族生活空间不同，因而自然环境各方面的差异影响不同民族对同一事物或现象的看法各有不同。特定的地理文化赋予了语词特定的意义。英国是一个岛国，历史上航海业曾一度领先世界；而汉民族在亚洲大陆生活繁衍，人们的生活离不开土地。英语中有许多关于船和水的习语，在汉语中没有完全相同的对应习语，如 to rest on one's oars（暂时歇一歇），to keep one's head above water（奋力图存），all at sea（不知所措）等。在汉语的文化氛围中，“东风”即“春天的风”，夏天常与酷暑炎热联系在一起，“赤日炎炎似火烧”“骄阳似火”是常被用来描述夏天的词语。而英国地处西半球，北温带，海洋性气候，报告春天消息的却是西风，英国著名诗人珀西·比希·雪莱（Percy Bysshe Shelley）的《西风颂》正是对春的讴歌。英国的夏季正是温馨宜人的季节，常与“可爱”“温和”“美好”相连，所以莎士比亚在他的一首十四行诗中把爱人比作夏天。

2. 社会历史造成文化差异。

英汉两种语言都有悠久的历史，它们在各自民族的发展中，又都积累和创造了很多具有各自民族风格和地方色彩且形象生动的语言，这些语言更具有鲜明的文化知识内涵特色，它们只表达某种语言所独有的事物和现象，无论形式和内容在另一种语言中都不容易找到相对应的比较现象。这就需要在英译汉中理解原文所涉及的历史背景、典故和专门术语，这样才能消除或降低文化差异给释译带来的消极影响。例如：In March 1959，kassim destroyed the shell of the Bagdad pact by formally withdrawing. 将句中的“destroyed the shell of the Bagdad pact”译为“使巴格达条约（组织）解体”的不乏其人。显然，这些人对这一有关的历史情况一窍不通。而其事实是，卡赛姆当时退出该条约后，并非使其“解体”，而只是将条约更名为“中央条约组织”而已。此句的确切译文应是：“卡赛姆于 1959 年 3 月正式退出巴格达条约，从而使条约的组织更名为‘中央条约组织’。”

3. 习俗人情造成文化差异

语言来源于生活，生活习俗与人情世故在一定程度上制约着语言的表达系统。例如：数词“八”在汉语中是现今最受人们喜爱的数额——因为其发音与“发”谐音，迎合人们发财致富的心理，而英语中 eight 则没有这种意义。这一点在动物上也经常有所体现。在英国，狗被看作是人类最好的朋友（man’s best friend）。在中国，狗也被认为忠实、可靠。但若用狗比人，两国就有不同了，如 Every dog has its day（凡人皆有得意日）；lucky dog（幸运儿）等。在中国却多是贬义，如“走狗”“狗腿子”“狼心狗肺”等。我们称中华儿女是龙的传人；称皇帝是“真龙天子”；做父母的都希望孩子将来有出息——“望子成龙”；男子汉要叱咤风云，“龙吟虎啸”。但是在西方文化中 dragon 是邪恶的象征。西方人认为龙是凶残肆虐的怪兽、凶恶的敌人，正因为 dragon 在英语民族文化中不被人们所喜爱，常作贬义词使用，所以，当我们在英文中看到 the old dragon 时就不能按中国传统习惯译为“年迈的龙”，其真实含义是“魔鬼”“万恶之源”。当在国外报刊上看到称某人是“dragon”时，千万不要把其认为是中国人的真龙天子，而是对那些可恶、凶猛特别是对专门打人的坏警察的一种贬称。这种联想意义上的差别与民族文化紧密相关，尤其值得译者重视，否则便会导致很大的歧义。在互译中英作品时，一定要把握词语的文化内涵，否则将损害原文的修辞风格，导致翻译失败。

（二）针对文化差异引起的问题可以采用的翻译方法

文化差异的诸多因素影响着语词的翻译，因此，在语词的翻译中，译者必须了解不同民族社会文化体现在语篇中的文化内涵，正确理解语词所包含的文化语义，采用适当的翻译方法。

1. 对等直译法

如果原文语言和文化因素与译文基本一致，可采用对等直译法。对等直译法就是可保留喻义，传达出原文的修辞风格，自然再现原语的意义，如 hot dog（热狗），to loose face（丢脸），feel just like fish in water（如鱼得水），the fox borrows the tiger’s terror（狐假虎威）.

2. 代换法

如果原文语言的文化因素与译文不对等，可采取代换法。代换法就是在保留原文交际意义的基础上，用译文中某个概念意义不同但文化意义相近的词代换原文词，如 to spend money like water（挥金如土），to laugh off one's head（笑掉牙齿）。

3. 意译法

完全用译文中文化意义较弱的词汇去译原文所要传达的信息。如“望子成龙”就不可直译为 to hope that one's son will become a dragon，应意译为 to hope that one's son will become somebody。

总之，文化差异是英语翻译中的一个难点，要解决它需要一定的技巧，但更重要的还是要多花时间来了解中西方的文化，要了解这种文化的历史地理成因、宗教因素、风俗等等。只有精通了两种文化，才能做到融会贯通，在翻译时才不至于闹笑话，并把优美的译文呈现于读者眼前。

第二章　影响翻译质量的因素

第一节　译者的知识储备

翻译工作非常复杂，其难度外行人有时难以体会。有人说，翻译是“宇宙演变过程中最复杂的事情”。虽然夸张了点，倒也不无道理。事实表明，即使是精通外语，甚至外语水平达到了母语水平的人，做不了翻译的也大有人在。这是因为翻译虽然是一项语言活动，但对译者的要求却绝不仅限于语言。翻译活动牵涉人类生活的方方面面，内容纷繁复杂，无所不包，译者为完成翻译任务，接触的人也形形色色。没有广博的知识，仅仅知道基本的外语语法，掌握一些词汇，绝对不可能成为一名合格的译者。

为了看懂原文，并把原文的内容以读者愿意接受的方式表达出来，译者需要掌握多方面的知识。举例来说，文学译者需要有坚实的文学基础，科技译者需要有一定的科技知识，法律译者需要懂得基本的法律常识，经贸译者对于经济贸易不能一无所知，等等。

除此之外，译者还需要对翻译所涉及的两种语言文化有足够的了解，否则仍然会在理解或是表达阶段遇到难以克服的困难。以上说的还只是笔译，在口译中，译者还需要掌握速记等方面的知识。为了使自己的译文或口译令读者或用户满意，译者还需要对读者和用户有所了解，最好懂一点心理学知识，等等。早在 1951 年，吕叔湘在《翻译工作和“杂学”》一文中就提出，译者除了“获得足够的词汇和文法知识”，了解一些“熟语”外，还需要懂得一些杂学。他把“杂学”定义为：“我要讲的是了解原文的第三道关，就是字典不能帮忙的那些个东西，上自天文，下至地理，人情风俗，俚语方言，历史上的事件，小说里的人物，五花八门，无以名之，名之曰‘杂学’。”也就是说，除了语言知识外，译者需要掌握的知识非常多。

后来，又有其他许多学者对译者需要掌握的知识做过分析。比如，王宗炎就认为：“翻译工作可比作一座三层楼。”其中，第一层是语言知识，第二层是背景知识，第三层是翻译理论知识。孙致礼教授在《新编英汉翻译教程》中也提出，“译者要有广阔的知识面”，认为“译者的知识结构应该是越博越好”。

实际教学中，越来越多的学者也意识到，学生翻译能力的养成和提高绝对不是单纯一门翻译课可以完成的，也不是仅仅通过翻译练习或技巧的讲授就可以做得到的。因此，许多高校都为外语专业的学生开设了许多相关的课程，除了原本就有的文学课以外，还开设了法律、经贸等方面的课程。针对翻译专业或是翻译院系的学生，有的学校还开设了新闻翻译、商业翻译等多种应用性的翻译课程，其目的就是使学生熟悉多个领域的语言特点，同时了解这些领域的一些基本知识。我们把这些知识统称为“知识储备”，因为这些知识只是成为合格译者的前提条件。要把这些知识转化为翻译能力，译者还需要经过长期的练习和摸索。

“知识储备”这个概念和以往学者经常使用的“译者修养”和“译者素质”略有区别。“修养”不仅指知识，更重要的还包括人的思想认识水平，“译者修养”与“翻译道德”重叠；“素质”主要指的也是人的思想修养，“译者素质”同样也与“翻译道德”重叠。“知识储备”与“知识结构”有所不同。“知识结构”是静态的，指的是译者所具备的知识中各种知识的构成比例，而“知识储备”则是一个相对动态的概念，指的是译者为提高翻译能力，对所需知识的不断积累。译者和其他所有专业人员一样，除了要具备良好的职业道德以外，还需要终身学习。

一、译者的语言知识

译者的语言知识，是指译者对与翻译相关的两种或两种以上语言的了解以及运用这些语言的能力。语言知识包括语音、词汇、语法、惯用法等多个方面。对于这些知识，有些译者只需略微了解即可，比如一些不标准的发音，或是方言，遇到能够理解即可；有些则需要译者非常熟悉，直至可以熟练运用，比如语法和某些惯用法，否则不仅理解出现差错，译出的译文也会不符合译入语的习惯，令读者或使用者难以理解。从这一点来看，语言知识和通常所说的语言能力有所不同。狭义的语言能力是指可以熟练使用语言的能力，范围没有语言知识宽泛。

译者的语言知识分为母语和外语两个方面。对于中国的译者来说，主要是外语和汉语的知识。

（一）汉语知识

译者的汉语知识往往被人们忽视。很多人想当然地以为，对于中国人来说，汉语是母语，理解和表达都不会有什么问题，只要外语过关了，自然就可以从事翻译。实际上，正如有的学者所言，外语和汉语可以比作译者的“两条腿”，缺了哪一条，都走不成路。可以想象，汉语不过关，英译汉时表达必然会有困难，译文中的汉语肯定会受到原语很大的干扰，译文不可能做到流畅可读，更不可能文采斐然；汉译英时，则会有理解困难，无法把原文的意思准确地传达到译文中去。当然，汉语是译者的母语，译者的汉语水平肯定比英语水平高，汉语知识也比英语知识全面，实践中因为汉语水平欠佳导致的问题，比因为英语水平不足导致的问题少得多。不过，就翻译界的现状来看，译者还是应该掌握以下几方面的汉语知识。

准确把握词义。对词的理解，特别是对常用词的理解不能似是而非，否则汉译英时就会出现理解错误，英译汉时则会出现表达不当，或是令人费解难懂。误解汉语原文的情况在翻译教学和考试中最为常见。有学者就发现，在英语专业八级考试的汉译英测试中，“部分学生对‘寒暄’‘破天荒’‘干脆’等词语会产生错误的理解”，竟然把“寒暄”翻译为 coldly talk for a while。对于文雅一些的词，理解错误就更多了。第十二届“韩素音青年翻译奖”汉译英原文选了冰心的散文《霞》，多数译者都没有准确理解原文中“闲居”一词的含义，错误地译为 lived an idle life 等。其实，《辞源》中对“闲居”一词有现成的解释，该解释在上下文也非常合适，对应的英语应该是 live an tired（或 seclude）life。

适当了解一些文言文，具备一定的文言文阅读能力。这一点对从事汉译英的译者来说尤其重要。现在通常不提倡把英语原文译作文言文，因此，从事英译汉的译者，文言文功底差一些，问题一般不大。当然，如果到我国港澳地区从事翻译工作的话，即使主要做英译汉，也需要有一定的文言文基础。

因为在我国港澳地区，财经翻译常常把英语原文译为“近文言文”体，译者没有文言文基础，很难胜任。

汉译英时，由于有些汉语原文中夹杂有文言成分，或是全部用文言文写成，译者文言文水平不过关，就无法理解原文，译文中必然有许多误译。翻译古汉语文献如此，翻译有些当代汉语文献也是如此。比如，目前中国的各种宣传材料，特别是各旅游景点的宣传材料，为了追求文采，往往使用许多文言文的句式和词汇，文白混杂，而且文言文部分所写的内容通常还是作者的“精心之作”。翻译这样的材料，译者没有一定的文言文功底，根本无法知道原文说的什么，准确传达原文内容也就无从谈起了。完全略去文言文成分不翻译，有时又会遗漏原文的精华。周领顺把这些文言文成分称作“壮辞”，并认为“在汉语言中，壮辞的使用普遍被认为是美文的主要表现手段之一”。可以想象，翻译这样的材料，译者无疑也要具备一定的文言文功底。

还有一些特殊的应用翻译，如中医翻译，由于原文中文言文较多，也对译者的文言文水平有较高的要求。文学作品中更是经常用文言文成分，文学译者因而也更需要具备扎实的文言文功底，对文言文的掌握和了解一定要过硬。

对汉语的新发展要敏感，了解新词新用法，包括网络语言和在青少年中间流行的一些时髦语言。近代白话文运动以来，现代汉语的发展变化很快。许多以前被认为不符合规范的用法，现在已成了规范的说法。比如，“如果”引导的条件句以前认为只能放在主句之前，放在主句之后不符合规范，现在用的人多了，许多人认可了，慢慢也就成了规范的说法。

汉语在每个时期还会产生许多新词，有的来自方言，有的来自外语，有的完全是新造的词，还有的是旧词新用，包括科技术语转变为普通词语。这些词有的因为用的人少，很快就被人们忘记了，有的则用得越来越广泛，成了常用词，比如20世纪90年代流行的“下海”，近几年常用的“德比”“井喷”等。对于这些新词新用法的了解，在汉译英时有助于译者准确地理解原文，在英译汉时则可以扩大译者的表达空间，使译文语言更加丰富。

实际上，翻译界对新词语一直很关注，许多学者都专门撰文讨论过新词的翻译问题，《中国翻译》杂志也不定期地介绍汉语新词的英语或法语译法。网络语言和青少年流行语主要在青少年之间使用，因为不符合汉语规范，有人认为是对汉语的污染，破坏了汉语的纯洁性。职业译者对这两种语言却不能盲目抵制。对这两种语言，译者可以不主动使用，但不能不了解。作为汉语中的两种社会方言，网络语言和青少年流行语有时也会进入文学作品，或是一些针对青少年的读物中。汉译英时，译者如果不懂这两种语言，有些文学作品和读物就无法翻译。英译汉时，如果主要针对青少年，译者适当采用可以使译文更加活泼有趣，贴近读者。

此外，译者还应该对英汉两种语言的差别有所了解。无论是英译汉，还是汉译英，有些译文出现过多不符合规范的语句，其原因就在于译者未能摆脱原语的干扰。对英汉语差别的了解，有助于译者克服这些干扰。比如，如果译者知道英语句长和汉语句长的差别，在英译汉时，就可以有意识地控制译文句子的长度，尽可能把原文的长句拆解开来，在不违背原文风格的前提下，加以重组；汉译英时，也可以把汉语的短句加以整合，以免译文中的英文句子过短、过散，不符合英语的行文规范。目前，英汉语比较研究已成了一门热门的学问，相关著作很多，许多高校还开设了相关的课程，为译者了解这方面的知识提供了很大的便利。

（二）外语知识

通常来说，译者只需懂一门外语即可，因为外译汉时，原文多数只是由一种外语写成；汉译外，一般也只要求一位译者翻译成一种外语。至于口译，发言人混用多种语言的情况几乎没有，一位口译员也不可能同时把一种语言翻译成别的多种语言。但有的时候，译者如果只懂一门外语，却很难完成翻译任务。

这种情况在文学翻译中比较常见。由于许多文学作品中都使用了多种语言成分，译者只懂一门外语就很难理解原文。以英译汉为例，许多英语文学作品，特别是现代主义和后殖民文学作品中，使用了一些非英语的成分。在有些作品中，这些成分还不局限于个别词句，而是大段大段地出现在作品中。翻译这样的作品，光靠查字典是解决不了问题的，因为字典只能告诉我们单个词的意思是什么，整句话的意思还是需要具备相关语言的知识才能破解出来。因此，高水平的文学译者，除了熟练掌握英语之外，最好还能了解其他一门或多门西方语言，如法语或拉丁语，这样翻译时就不用到处求人。

在科技、经贸等应用性文章的翻译中，也有类似的情况。科技英语的用词一般比较正式，其中许多来自拉丁语和法语，有时干脆直接使用这两种语言的单词或短语。译者如果对这两种语言略有了解，翻译时就可以省去许多麻烦。实在不懂的话，英译汉时查一下专门的字典，多数时候也可以解决问题。但如果原文中的法语词或拉丁语词不是原形，发生了格和数的变化，不懂这两种语言，连字典也没法查。汉译英时，由于科技文献讲究固定的格式和用词，有时也需要使用拉丁语词汇或法语词汇，译者要是不懂这两种语言的话，不请教专家，不可能使译文符合科技英语文献的规范。依靠查字典是根本不现实的。目前国内的科技词典虽然很多，但多数都是外汉词典，汉外词典很少。即使有这样的词典，译者从中可以查到需要的法语词汇和拉丁语词汇，但不懂这两种语言，不知道如何使用这些词，还是无法在译文中使用。

经贸英语文献中，也经常使用一些拉丁语、法语及德语的词汇。虽然有学者认为，这些词汇“词义较单一，通常不是经贸英语翻译的难点所在”，但和科技翻译一样，如果原文中的非英语词汇不是以原形出现，仍然会对译者构成很大的困难，译者更不可能在汉译英的译文中使用这些词。在科技或经贸口译中，由于译者无法在翻译时查字典或是请教专家，其他西方语言知识的用处更为明显，往往可以使译者免于尴尬。当然，人的精力有限，要求所有的译者都掌握多门外语是不现实的。但有可能的话，多了解几门外语，哪怕只是知道一点皮毛，对翻译工作也是有好处的。

至于译者主要依靠的那门外语，则必须达到很高的水平。不仅要通晓该语言的语法，还需要掌握足够多的词汇和短语，包括一定数量的习惯用语。对口译员来说，还需要熟悉该语言的语音语调，能够听懂该语言的不同方音。

就英汉翻译来说，从事笔译，英语至少要达到六级水平，最好能达到专业八级以上水平。低于这个水平，理解和表达能力都达不到要求，英译汉或汉译英都做不好；从事口译，特别是职业口译，则最好是英语专业本科毕业。就国内目前的英语教学水平来看，非英语专业毕业生的听力和口语水平都不高，能够充当口译员的凤毛麟角。具体来说，职业译者要想适应翻译产业化以后市场的需要，其英语知识至少需要达到以下程度。

对语法非常敏感，能够厘清复杂句子的语法结构，从而理解句子的意思。语法尽管比较复杂，但语法规则的数量毕竟有限，常见的语法现象只有那么多，许多人看了语法书或是上了语法课之后，觉得自己对英语语法已经非常了解了，因此对语法不太在意，转而花很多时间去记单词。殊不知，了解语法规则并不等于可以辨明复杂的语法现象，更不意味着可以写出符合语法的英语句子来。

英语学习者必须通过大量的阅读、写作和翻译练习，才能逐渐提高对语法的敏感度，使自己不被复杂的语法现象所迷惑，写出符合语法规范的英语。许多译者忽视了这一点，误以为只要词汇量足够大，做起翻译来，外语方面就不会出什么问题，最多查一查字典也就行了。实际上，许多译文的问题就出在语法上。词汇不懂的可以查字典，语法不懂或是不敏感的，字典就帮不上忙了。就英译汉来说，对语法不够敏感，经常会导致对原文理解错误。

词汇量足够大，对词义的掌握准确，不仅知道常用的意义，还要了解其他意义。词汇量太小，英译汉时，生词太多，需要经常停下来查字典，翻译的效率必然很低；汉译英时，该用的词不会，译文表达肯定词汇贫乏。即使查阅汉英词典，由于不知道词的用法，译文用词仍然可能不准确，或是不自然。

熟悉足够多的固定短语和习语。英语中的固定短语数量众多，使用广泛，其含义从字面有时根本看不出来。这些短语的构成和含义大多没有规律可循，因而在翻译中往往成为译者的陷阱。译者了解的固定短语太少，从事汉译英，问题不是很大，通常只是译文大词、生僻词过多，用词单调呆板，缺乏灵活性，但不至于影响读者的理解；从事英译汉则往往会造成可笑的理解错误。译者对固定短语不了解，很有可能望文生义，造成理解错误。

习语指的是长期流传下来的固定表达法，有的是短语，有的则是句子，主要包括谚语等。和短语相似，有些习语的含义从字面上推断不出来，有些还包含了典故，需要具备相应的文化知识，才能准确破解其意义。就英译汉来说，多了解一些习语，可以避免理解错误，准确领会原文的语言特色；就汉译英来说，多了解一些习语并在译文中适当运用，则可以使译文更加地道，使英美国家的人读起来更亲切，增加译文的可接受度。需要提醒的是，英语正式语体中使用的习语并不多，有一部分习语已经成为陈词滥调，不宜多用，因此译者在英译文中使用习语需要谨慎。

了解一些非标准语，包括方言和俚语等。英语中虽然非常讲究语言的社会标志作用，非标准语通常难登大雅之堂，在正式文体和社交场合用得较少，但这绝不意味着译者可以对非标准语一无所知。多了解一些非标准语，不仅对英译汉有帮助，还可以提高汉译英的质量。

众所周知，英语文学中历来有使用方言的传统，从杰弗雷·乔叟

（Geoffrey Chaucer）开始，英语文学界涌现出了许多使用方言的高手，如乔治·伯纳德·萧（George Bernard Shaw）、托马斯·哈代（Thomas Hardy）、马克·吐温（Mark Twain）和约翰·斯坦贝克（John Steinbeck）等。方言成了一些文学名著中不可或缺的组成部分，有着非常高的艺术价值。汉语译者如果对英语方言一点都不懂，不了解英语方言与标准语的关系，以及方言在文学作品中的艺术功能，就有可能理解不了原文，或是即使理解了，也不知道采用何种翻译策略合适。

俚语也经常在英语文学作品中出现，同样有着独特的艺术价值。汉语译者需要具备一定的俚语知识，才能正确理解并翻译俚语。汉语文学作品中，同样也经常使用一些方言和俚语，翻译成英语时，译者如果在译文中适当用一些英语的方言或俚语，有时可以为译文增色。在应用翻译中，了解英语的方言和俚语，同样很有好处。比如，做军事翻译，译者就必须懂一些英语俚语，因为军事英语的一个显著特色就是广泛使用俚语。电影、电视中方言、俚语也很多，从事影视翻译也需要对英语方言和俚语有所了解。

口译中，对方言、俚语的了解尤为重要。比如说，有些外宾带有口音，译者没有一定的方言知识，可能就听不懂。在一些非正式场合，外宾或许还会用一些方言词汇，或是俚语的表达法，译者没有非标准语知识，同样完不成翻译任务。不懂非标准语，闹出翻译笑话的情况很常见。前些年，美国歌手迈克尔·杰克逊（Michael Jackson）的一首歌在国内广为流行。这首歌的英文标题是 *Beat It*，绝大多数磁带或光盘都译成了“打它”或“击它”，与歌曲内容脱节。其实，beat it 是美国俚语，意思为“滚开”，翻译成“滚蛋”更符合歌曲的内容。

二、译者的文化知识

译者的文化知识是指译者对翻译活动所牵涉的文化的了解和掌握。现在人们已经普遍意识到，翻译说到底是一种跨文化的交际行为。作为这种行为的实际执行者，译者当然要对这种行为所牵涉的两种文化有非常深入的了解。

传统上，翻译理论界有关翻译与文化的讨论，大多以文学翻译为例，让人感觉似乎只有文学翻译才需要考虑文化的因素。其实不然，非文学翻译中，同样有文化的力量在起作用。这是因为语言作为文化的载体，本身就是文化的一部分，作为语言操作的翻译行为，必然牵涉到文化的因素。即便是狭义上的文化因素，也会出现在非文学的文本，或是口头言谈中。比如，一些科技文献，特别是科普作品，写得非常活泼，经常也会提到一些文化典故、名人名言等。因此，尽管翻译产业化之后，翻译行为越来越商业化，非文学翻译成了翻译业务的主体，翻译工作的文化色彩好像越来越淡，译者仍然需要做一名“文化人”，不仅要精通汉语和外语，还要通晓中国文化和外国文化。

（一）文化因素在翻译中的作用

翻译界最早有关文化与翻译关系的讨论，主要集中于包含文化内容的词汇，也就是所谓的文化专有项的处理上，探讨的是文化在翻译策略选择中的作用。后来随着宏观翻译理论的兴起，学者开始注意到文化对于整个翻译过程，包括选材、策略选择和译本流传的作用，认识到在整个翻译过程中，文化的作用是无处不在的。不过，就译者来说，文化的作用主要体现在原文选择、原文理解和译文表达三个阶段。文化在译文流传中的作用，主要通过读者或是评论者体现出来，与译者关系不大。

在原文选择阶段，文化的作用在于译者在决定是否接受一项翻译业务时，必须考虑到该业务的内容是否符合原语文化的要求，与该文化的主流价值观有无冲突。

在原文理解阶段，文化的作用体现为：译者对原语文化的了解直接决定了他对原文的理解。如果他对原语文化比较熟悉，就可以准确地理解原文；反之，就有可能产生理解困难，导致翻译错误。

在译文表达阶段，文化的作用表现为：译者对原语文化的了解，决定了具体翻译方法的选择。译文对原文内容的增删取舍，对原文中文化专有项的删除、保留、修改或加注，完全取决于译者对原语文化的了解。译者如果觉得原文中有些内容与原语文化完全冲突，就极有可能将这些内容删除，或加以改动，使之符合原语文化的要求。

在我国，外文原文中的色情描写，以及政治上污蔑我国或是不符合我国政策的内容，译者一般都会主动删去，或是进行淡化处理。对于那些与原语文化没有冲突的文化专有项，译者虽然一般不会删除，但是否改动、如何改动，也需要根据自己对原语文化的了解才能决定。如果译者估计译文读者可以理解并接受这些文化专有项，就会采取异化的策略，原样保留。如果估计译文读者接受有困难，则有可能采取三种策略：一是异化，但加注释说明，帮助读者理解；二是归化，用意思相近的中国文化专有项加以替代；三是解释，不保留也不替换文化专有项，而是用一般语言将其意思解释出来。

（二）文化知识的内容

“文化”是个非常复杂的概念，据统计，有关文化的定义已达200多个。在翻译界，许多人接受美国翻译理论家奈达的文化分类法，把文化分为五类，分别为生态文化、物质文化、社会文化和语言文化。下面以英汉翻译为例，对当前职业译者应掌握的文化知识做一个大致的介绍。

就生态文化来说，译者应对英语国家的地理、气候、动植物等有比较深入的了解。有了这方面的知识，译者对英语原文中有关自然现象的描述，或是一些事件的发展进程就会有比较准确的理解。比如，英国文学中经常会有对荒野的描写，如果译者熟悉英国地理，知道英国有许多moorland，对这些描写的理解就会比较准确，也能够领会这些描写所传达的情调和人物心情。再比如，经贸翻译中，英语原文往往会交代公司地址和重大商务活动的地点，译者的英语国家地理知识，尤其是美国地理方面的知识，对于理解这样的原文也会有很大的帮助。

更重要的是，生态文化已渗透到英语语言和文学中，没有这方面的文化知识，不了解中国文化与英语国家文化在这方面的差别，翻译时就容易出错。比如，由于英国是海洋国家，英语中很多谚语都与海洋或航海有关，而中国传统上是个大陆国家，汉语中与海洋有关的谚语比较少，因此译者翻译谚语的时候，应该注意到这方面的差别。再比如，由于中英气候的不同，有关气候的词汇在文学作品中所表达的含义也有所不同。许多学者都注意到，乔治·戈登·拜伦（George Gordon Byron）诗中的west wind和莎士比亚十四行诗中的summer，与中国文学中的“西风”和“夏日”有着很大差别，直接翻译成汉语，有时候就会造成读者的误解。

就物质文化来说，译者应该对英语国家的建筑、服饰、日常生活用品等有所了解。这一类文化包罗万象，在各种文献或口头谈话中都有可能出现，译者如果不了解，就会影响翻译的质量和效率。通常来说，译者没有在英语国家生活的经历，很难对这方面的知识有全面的了解。但即使在英语国家生活过，对于这些国家历史上的物质文化，仍然有了解不够深入的可能。

因此，译者平时应多读、多看一些这方面的书，或是音像资料。一些文学译著也是学习这方面知识的绝好读本。文学译著通常会有许多注释，其中就包含了许多有关原文物质文化方面的注释。比如，据统计，张谷若译《还乡》《德伯家的苔丝》《大卫·科波菲尔》《无名的裘德》《弃儿汤姆·琼斯史》五部小说中，共有3259条注释，其中就有不少关于当时英国建筑的，如在《无名的裘德》中，就有关于哥特式建筑的注释。

随着网络的普及，译者又多了一个学习英语国家物质文化的渠道。多年前在翻译美国小说 *Pale Saint*（《苍白圣人》）时，对原文中出现的“Pullman Kitchen”不理解，通过查询，得知这是美国流行的一种紧凑的小厨房，于是直接译为“普尔曼式厨房”，并加注释说明。

就社会文化来说，译者应对英语国家的政治经济状况、风土人情、重大事件、名人名言、文学常识等有所了解。译者有了这方面的知识，英译汉时对英语原文中描述的事件、该事件的背景、原文中的人物就会有更深刻的理解；汉译英时就会注意译文内容是否符合英语国家的风俗习惯。不久前翻译的一篇美国作家的散文，文中提到有个人的性格非常像 Larry King，原作者没有对 Larry King 作任何解释。不过，由于翻译者经常收看 CNN，非常喜欢该台的 *Larry King Live* 节目，因此对于原作者使用这个比喻的意图一下子就理解了。

在翻译时，原文中经常出现20世纪的一些美国名人，有些是翻译者所了解的，理解和翻译相关语句和段落都不成问题，有些则是翻译者从未听说过的，在翻译时费了不少周折，如原文第三章有这么一句：I saw *Lawrence of Arabia* and fell in love with Peter O'Toole. *Lawrence of Arabia* 是英国有名的《阿拉伯的劳伦斯》，文中可能是同名的书或电影什么的，也可以猜到。可谁是 Peter O'Toole 呢？女主人公为什么这么说？就不清楚了。

后来查阅相关资料才知道，此人是英国演员，在电影《阿拉伯的劳伦斯》中扮演劳伦斯，并因此出名。至此，翻译者才真正理解这句话，将其翻译成“我看了《阿拉伯的劳伦斯》，就爱上了彼特·奥图奥”，然后加脚注加以说明。

至于语言文化，译者主要需要了解一些英语习语、各种修辞手法以及各种文体的特点。习语在语言知识一节已做过分析，这里不再讨论。修辞手法在英语中运用得非常广泛，译者如果不了解，不知道这些修辞手法与汉语修辞手法之间的差异，翻译时就容易出现问题。比如，英语中的一些语音修辞，如头韵、半谐音等，许多译者在翻译时就注意不到，体会不到原作者的苦心，造成不必要的失误。再比如，翻译界有一个经常提到的笑话，国内生产的“白象”牌电池，翻译成英语，竟成了 white elephant，严重影响了出口销路。译者不知道 white elephant 在英语中是个习语，意思是“昂贵而又无用之物”。

在文体方面，就当前的情况来看，职业译者尤其需要了解各种英语应用文的格式和规范。应用文的翻译在翻译市场上占有可观的份额，而且翻译价格也较高。但由于国内的英语教学几乎不讲解应用文的阅读和写作，多数译者对英语应用文不甚了解，翻译时屡屡出错。此外，译者还要追踪各种文体的新变化，了解最新的规范。比如，以前翻译界普遍认为，科技英语被动语态使用得多，将科技文献译成英语时，应该注意到这一点，少用主动语态。但有学者发现，近年来，科技英语的文体已发生了变化，许多学者都鼓励在科技写作中多用主动语态，科技文献中主动语态的出现频率迅速提高。不知道这种变化，从事科技汉英翻译，译文可能就不符合当前的规范。在中国文化方面，就翻译实践中出现的问题来看，当前的译者应具备三类有关中国文化的知识：①中国古代文化的知识；②古诗词知识。许多汉语文献，包括一些商业性的宣传材料以及一些领导人与外宾的谈话中，都会引用一些古诗词。当前的译者虽然多数人都能背诵或熟悉一些古诗词名篇，但翻译时总会碰到许多自己不熟悉的古诗词，如果理解能力不强，就容易出现错误。这一点口译员尤其需要注意；③了解中国的一些名人、机构和重大事件在英语中的通行译名。缺乏这方面的知识，在英译汉时就会出现理解错误，不知道原文中的专有名词所指的是什么。汉译英时则采用拼音法翻译，译文让英语读者不能理解。比如，有的译者不知道 Mencius 是孟子在英语中的译名，在英译汉时将其译作“门修斯”，闹出了笑话。

三、译者的翻译知识

前面所讲的几个方面的知识，只是构成翻译能力的基本要素。要成为一名合格的译者，把掌握的知识转化成翻译能力，还需要掌握一定的翻译技能，了解一些翻译理论。这些翻译技能和理论就是翻译知识。

翻译技能包括三个方面的内容：一是具体的语言转换技巧，如将长句拆成短句的技巧等；二是翻译的准备技巧，如口译中做笔记的技巧，包括速记技巧等；三是变译技巧。语言转换的技巧在表达阶段可以起到非常重要的作用。在英汉翻译中，译者理解英语原文有时并没有什么问题，但要把理解的内容用汉语表达出来，却有很大的困难，这时翻译技能就派上了用场，诸如长句分解、词性转换、省略词句之类的技巧，可以帮助译者把原文转换成通顺可读的汉语。这些技巧在汉译英中同样有效，只不过有时需要反方向运用罢了。比如，在英译汉时需要注意把长句拆解成短句，在汉译英时则需要注意把短句合并成长句。翻译的准备技巧在理解和表达两个阶段都有可能起作用。

口译中，通常译者在做笔记的同时已经听懂了说话人的发言，但等到翻译时，往往会忘记说话人发言的一些内容，可以说理解已经出现了问题，这时笔记可以补全译者的记忆，形成对讲话者发言的完整理解。比如，有时译者做笔记时根本就没有听懂说话人的发言，但做笔记的技巧很高，把发言的内容一字不漏地记了下来，笔记成了理解发言人的根据。表达时，笔记的内容可以帮助译者选择适当的译文。“变译”是对编译、摘译、改译等非常规翻译手法的总称。有时并不要求译者把原文全部内容都翻译出来，而是只要把大意整理出来就行了，这时译者就需要了解一些变译技巧，知道如何提取原文的主要内容，如何把重点内容放在突出位置。翻译理论的内容比较复杂。有人把翻译技能认为是翻译理论，还有人认为除翻译技能外，其他理论都是空谈，于翻译实践无益。我们认为，翻译理论应该超越具体的翻译技能，是对翻译活动和现象一种较为宏观的理论分析与考察，而且这样的分析与考察对实践有着明显的指导作用。

在翻译选材阶段，翻译理论可以指导译者，确定哪些翻译业务可以接受，哪些应该拒绝。选材虽然是职业伦理问题，但如果缺乏翻译理论指导，不知道应该拒绝哪些翻译业务，即便译者有良好的伦理，也难免会译一些不符合中国文化要求的东西。在表达阶段，翻译理论可以指导译者确定合适的翻译标准，选定对原文取舍的内容，译出读者或使用者可以接受的译文。社会大众对翻译的要求基本上仍然是“信”“达”“雅”，译者如果不了解翻译理论，盲从这一要求，有时候译文反而不理想。比如，广告翻译就要求译者对原文有所取舍，有时甚至需要对主要内容进行重写。过于忠实的译文，可能反而起不到广告的作用。况且，“信”“达”“雅”标准本身就是翻译理论。

翻译理论可以加强译者的职业自豪感，激发译者的工作热情。另外，翻译理论还可以帮助译者说服客户，使对方接受自己的翻译策略。比如，译者在拒绝某项翻译业务，或是建议对原文进行改动时，必然要向客户作出解释。有了翻译理论作为指导，译者的解释就会显得有理有据，更加有说服力。当然，职业译者无须掌握所有的翻译理论，但至少应了解当前的翻译标准、翻译与文化的关系等基础理论。

四、译者的行业知识

行业知识是指译者为应对翻译行业特有的要求必须具备的、与翻译能力本身无关的知识。翻译作为一个行业古已有之，翻译行业知识一直存在。但翻译产业化之后，我国的翻译行业发生了巨大的变化，翻译行业知识的内涵也有所变化。目前，职业译者应该掌握的行业知识主要包括以下几个方面。

（一）翻译市场知识

译者的翻译业务既然大部分来自市场，自然应该对市场的情况有所了解。首先，译者应了解寻找翻译业务的知识。全职译者应该知道如何到翻译公司去应聘，能够判断在哪些翻译公司更有发展前途。兼职译者则应该知道哪些翻译公司有外包的翻译业务，或是通过什么渠道可以直接联系到翻译客户。其次，译者应随时了解翻译行情，争取自己应得的报酬。兼职译者按件计酬，不了解行情，就很难争取到合适的价钱。全职译者大多数也按件提成，收入与行情的涨落也有直接的联系，如果不了解行情，就无法监督翻译公司按照实际的翻译价格支付报酬。最后，译者应了解翻译客户的情况，掌握与客户打交道的技巧。兼职译者有时直接从客户手里接活，需要了解客户的情况，包括客户对翻译的了解、对翻译的要求及愿意支付的价钱等，在与客户接触时要具备一定的技巧，不仅要维持老客户，还要能拉到新客户。全职译者有时也代表公司与客户接触，同样要了解客户的情况。

（二）与翻译相关的法律法规

目前国内还没有专门针对翻译的法律，但有不少法律与翻译密切相关。译者需要了解的主要是以下几方面的法律：

著作权方面的法律。接受翻译业务时，一定要注意原文是否受著作权法保护，如果受保护，客户是否取得了原文的翻译权。否则，翻译出来以后，一旦涉及侵权，客户惹上官司，译者也可能被牵连。如果译者自己选定原文，打算翻译后出版，也应先确定原文在不在著作权保护期之内。如果在保护期之内，一定要取得原作者及出版社的授权，否则译出来不一定能出版，出版了也会有法律上的麻烦。有些译者的译文要出版，如果了解一些著作权法方面的知识，在签订翻译合同时就须注意，不接受不合理的条款，维护自己的利益。

消费者权益保障方面的法律。在产业化背景下，翻译是服务，委托翻译的客户就是这种服务的消费者，作为服务提供者的译者和作为消费者的客户之间发生矛盾是很正常的事情。译者如果具有消费者权益保护法方面的知识，在提供翻译服务时就会更加规范，发生争执时，也可以利用这方面的知识拒绝对方不合理的要求。

保密方面的法律。保密，对译者来说，是一种职业伦理和行规，有时也是法律义务。但有些客户对保密要求过严，把秘密的范围定得过宽，译者从原文中摘抄几个不泄露内容的句子作为语料也不允许。这时译者了解一些保密方面的法律知识，就可以据理力争，告诉对方自己摘抄的不属于秘密。

工商税务方面的法律。对于那些准备自己开翻译公司的译者来说，首先应该了解一下开公司的程序、营业过程中如何交税等。不准备当老板的译者，也应了解一些这方面的知识。比如，各个翻译公司以及有些翻译客户，在支付翻译报酬时，都会先扣除个人所得税。译者没有这方面知识，就无从得知个人所得税是否已扣除。

五、译者的互联网知识

美国翻译理论家道格拉斯·罗宾逊（Douglas Robinson）认为，当今所有的翻译都是在电脑的辅助下完成的，译者在某种程度上已成了“电子人”。这种说法虽然略显夸张，但也道出了翻译行业的现状。随着电脑的普及，目前国内仍然依靠纸笔“爬格子”的译者已经很少了。即便是“爬格子”译出的译文，多数情况下仍然需要输入电脑，变成打印文稿，因为客户和出版社往往只接受打印好的译稿，甚至是电子文稿。互联网普及后，网络则成了许多译者接受翻译业务、提交译稿的主要渠道，同时也是许多译者查找资料、请教专家的一个平台。可以毫不夸张地说，没有电脑或网络知识，已无法从事翻译工作。

译者应该掌握一定的电脑操作知识，懂得常用软件的使用方法。文字处理软件是翻译中最常用的软件，目前多数用户要求译文的电子文稿为Word格式，有些也接受WPS格式，因此译者应该掌握这两种软件的使用方法，至少应知道如何使用Word软件。对于Word软件，译者知道常用的功能就可以了，但如果知道一些特殊的功能，在翻译时也能提供不少便利。比如，新版的Word软件有一项翻译功能。虽然这一功能目前还不够理想，但遇到生词，手头又没有字典时，当作字典使用应急还是可以的。再比如，Word软件的汉字繁简体转换功能，译者如果为中国港澳台地区的客户翻译，使用这一功能，就可以轻松地把译文转化为繁体字，省去很多麻烦。

Word软件的图形插入技术也是译者应该掌握的。这样就可以把原文中的图形通过扫描复制到译文中。其他Office软件常用的功能，译者最好也能掌握。比如：有些客户要求译者提交带有演示文稿的电子稿件，译者不懂如何操作PowerPoint软件，就无法满足客户的要求。还有些客户的原文中有许多统计数据，懂得Excel的操作知识，翻译起来就会非常方便。此外，译者还应该多了解一些汉字的输入法，找到最适合自己的那一种，通过不断练习，提高自己的文字输入速度，这对提高翻译的效率具有非常重要的意义。

译者应该掌握基本的网络知识。网络的普及对译者的工作方式产生了很大的影响。最明显的影响是，许多翻译业务的交接都通过电子邮件来进行。译者如果不懂得如何上网，不会收发电子邮件，翻译业务的交接就无法进行。随着互联网技术的提高，电子邮件的收发技术也在不断进步，译者还应该注意这些进步，提高自己收发电子邮件的效率。比如，现在有些免费电子邮箱提供了邮件群发功能，这对多人合作翻译或是网上讨论的译者非常有帮助，可以一次把邮件发给多人，而不必一次一次地发，浪费时间。再比如，以前的免费邮箱无法发送大容量的图片，现在有些是可以的了。译者不了解的话，图片还是用软盘邮寄，非常麻烦。

另外，网络上各种信息齐全，资源丰富，是译者可以信赖的资料库。专业网站、搜索引擎、网上字典、网上语料库、网上讨论组等，都是译者翻译的好帮手。如何登录这些网站，如何检索资料，也是译者应该掌握的知识。

第二节　译者的主体性

传统翻译学理论中，原文本和原作者处于核心地位，而译者一直是处于边缘地位，在翻译活动中被限制发挥“自由度”和“创造性”，但凡有译者超越了“自由度”进行“创造性”发挥，便会被冠以错译、误译、烂译的恶名，对提高翻译文本的质量着实不利。纽马克曾将文本划分为有效文本（valid text）和有缺陷文本（deficient text）两大类，有效文本能有效传达原文旨意，因而译者要忠实于它；而有缺陷文本则无法完全传达出文本意义，因而译者可以酌情作出必要处理。虽然纽马克大体上仍是持有“文本中心论”的观点，但这一言论明确指出原文本存在缺陷和局限性，不应居于神圣不可侵犯的地位，而译者的能动作用应该得到重视。而且，随着文化转向在翻译研究中的出现，译者的地位也已不断上升。如今，译者在翻译实践中得以摆脱“隐形论”的桎梏，可以在一定的自由度内发挥主观能动性，展现出独特的个体风格和时代风貌。

翻译的话语、文本是翻译的客体，而翻译中所出现的具有主观能动性的“人”即翻译的主体。从狭义上看，翻译主体只有译者，但从广义上看，作者和读者等具有主观意识的人也可看作是翻译主体。需注意的是，翻译主体中，只有译者的身份是多维的，即译者不仅要担当语言的转换者（当然这是译者的主要身份），还需要考虑到其在不同社会体系中的角色定位。生态翻译学的翻译观便是聚焦于“人”，以译者为中心展开了一条各元素相互关联、相互制约的翻译序链。译者居上，成为翻译的主导者，下面各要素如作者、原文、适应性选择转换、译文、读者等串联并行，构成翻译活动的一个互动循环过程，而中心是适应性选择转换，并与原文和译文所代表的语言、交际、文化、社会等相互关联，形成合一整体。

这就意味着，翻译活动是以译者为中心、强调译者所处的主导地位、彰显译者能动性的活动，而翻译的质量取决于译者的综合素质。关于译者择取何种翻译材料、选定何种翻译策略、利用何种翻译方法去进行适应性选择和选择性适应，都依赖于译者的行为本能。具体来说，译者凭借自身的学养、经验、翻译技巧及理念等内部优势，在一个开放性与限制性并存的生态空间里进行翻译活动，先作为读者与原作者进行跨时空的交谈，在领悟原作的主旨风貌后，再以媒介之身在翻译生态环境中对原文进行合理的解读及阐释，最后以再创者之姿呈现原文到译文的终极移植。

一、逻辑准确

汉语注重总体效果，不太要求细节上的准确性，但英语则比较刻板，逻辑思维严密，要求语言的准确性。因而有不少从表面上看逻辑不太严密的句子，如“我比全班同学都高”“今年的产量比去年高”。严格地说，全班包括我自己，自己不能比自己高；“产量”与“去年”为不同类词汇，本不应相比较。英译时应采用更符合逻辑的结构：I am taller than the rest of the class.

译者为了符合本国语言的逻辑习惯，不必刻板追求忠实于原文文字。翻译时应注意时间上的准确、数量范围上的准确、推理上的准确以及缺损语义的补充。

二、对文化信息丰富的词语的解释性翻译

鉴于中国与西方国家在文化、历史、地理、语言习惯等诸方面存在巨大的差异，为了便于外国读者理解，译者常需进行阐释性翻译，其译文在文字上并没有完全忠实于原文，却更便于读者理解。著名的口译专家让·艾赫贝尔（Jean Herbert）曾说过：“Know everything of something and something of everything.”（好的译员要既专才，又是通才）段连城认为：“不管写得多好的中文，如果机械地逐字逐句译成外文，而不在翻译阶段进行必要加工，就不能成为流畅的外文。”对外国人不熟悉的政治背景、历史事件、历史人物、地理名词，在翻译时往往要添加一些说明，补充外国人不熟悉的背景知识。

第三节　工具书的选择和使用

从事专业性工作，往往要求助于合适的工具书，译者从事翻译工作也不例外。翻译工作涉及各个方面的内容，要求译者了解多个领域的知识。但无论译者多么敬业、多么刻苦，也不可能掌握翻译工作所需要的全部知识，最多只能精通某一个或多个领域的知识，对其他领域则只能了解一点基础知识。

用英语来说，理想的译者只不过是 Jack of all trades and master of none（三脚猫）。每一个译者在翻译过程中都会遇到以自己的知识储备解答不了的问题。这时除了请教专家之外，就要查阅工具书了。

因此，学会选择合适的工具书，并在翻译过程中恰当地使用，是职业译者必须具备的一项能力，也是译者职业水平的一种体现。对于这一点，翻译界的认识比较一致。周兆祥先生在其有关职业译者的著作，即《翻译与人生》中，设章节专门讨论了工具书的作用。值得注意的是，工具书还成了一些翻译公司招徕顾客的资源。多家翻译公司的网页上都提到了自己拥有的翻译工具书，作为实力的证明。这说明，工具书对于译者的重要性，已得到了社会大众的认同。不过，翻译界对工具书的认识还存在一些误区，主要表现在三个方面：一是对工具书的定义过窄，将工具书等同于词（辞）典或字典，特别是语言类词典，没有注意到其他类型工具书在翻译中的作用；二是只重视外文工具书的作用，忽视汉语工具书的作用；三是只重视传统纸质工具书，对电子工具书及网络上的工具书重视不够。

实际上，翻译工具书并不仅限于词（辞）典和字典，词（辞）典和字典只是翻译中最常用的一类罢了；译者在翻译过程中经常查阅的也不只是外语工具书，汉语工具书在翻译中也大有用武之地；随着电脑及网络的普及，电子及网络工具书的作用越来越明显，对于有些译者来说，其重要性和使用频率早已超过纸质工具书。比如，周兆祥先生对翻译工具书的概括就很全面。他把翻译工具书分为词典、专门的工具书和指南、手册、年报、索引三大类，每一类下面又包括许多小类。

一、工具书的种类

《现代汉语词典》把工具书定义为“专为读者查考字形、字音、字义、词义、字句出处和各种事实而编纂的书籍，如字典、词典、索引、历史年表、年鉴、百科全书等”；《新牛津英语词典》对“工具书”（reference book）的定义是为了让读者查阅有关具体问题的信息，而不是通读而编纂的书籍。可见，工具书的范围非常宽，种类很多，周兆祥先生的分类是有道理的。由于翻译工作涉及方方面面的知识，各种不同的工具书对职业译者都有用。当然，各类工具书在翻译过程中的使用频率各不相同。下面以英汉翻译为例，按照使用频率的高低，依次对职业译者常用的工具书加以介绍。①

（一）语言类词典

我们所说的“词典”是总称，包括汉语的字典和词典。翻译是一种语言活动，最容易给译者造成障碍的也是语言。虽然我们说职业译者应具备扎实的语言知识，但要对两种语言无所不知是不可能的。语言类词典一方面可以帮助译者理解原文中不认识的生字或生词，另一方面还可以帮助译者用规范的英语和汉语把原文的内容表达出来，做到不用错词，不写错别字。译者需要查阅的语言类词典可分为英汉词典、汉英词典、英语词典和汉语词典四类，每一类词典又可分为综合性词典和专门词典。

英汉词典中，目前国内出版的综合性词典种类较多，各种规模的都有，而且大多各有特色，可供译者选择。不过，过于小型的英汉词典，如一些袖珍英汉词典，学习英语时偶尔用一用还可以，在翻译实践中用处不大。因为这些字典要么收词过少，要么释义单一，译者遇到生词时在这些词典中往往查不到，查到了也未必能找到合适的义项。职业译者最好使用上海译文出版社出版的《新英汉词典》或规模更大一些的词典。

《新英汉词典》收词达5万余条，用来翻译一般难度的英语文献，多数生词都可以查到。但这本词典中词的义项不多，收录的谚语、俗语相对较少，用来翻译专业性或难度较大的英语原文，往往显得不够用。

目前翻译界最常用的词典是《英汉大词典》。该词典收词20余万条，对词的解释比较详细，收录的谚语和成语也比较多，除个别生僻词以外，翻译过程中遇到的生词基本上都能查到。另外还有《英汉辞海》。不过，这本词典收录的专业词汇较多，常用词汇反而比《英汉大词典》少，翻译非专业文献时不及《英汉大词典》实用。

以上三本词典主要用来查找原文中的生词。还有一些英汉词典可以用来帮助译者确定译文的用词。这些词典一般面向英语学习者，对英语单词的用法有较为详细的说明，有些还对近义词加以辨析。译者在汉译英时，如果对用哪一个英语词或者如何使用没有把握，查一查这些词典，多数时候都可以

---

① 刘华文，叶武君，刘性峰，等. 翻译资源与工具读本［M］. 南京：南京大学出版社，2014：48-82.

解决。这一类词典以翻译过来的英语词典居多，如牛津系列英汉及英汉双解词典、朗文系列英汉词典等。国内编写的有《新时代英汉大词典》。

专门的英汉词典目前也有很多，最常用的有英汉成语词典、英汉俚语词典和英汉缩略语词典等几类。这几种词典中，成语词典最为翻译界所重视，国内学者也编写了好几种，如《新英汉成语词典》等。成语词典规模不等，但收录的成语数量一般都比综合性词典多，对每一个成语的解释也比较详细，适合用来翻译正式的英语文献，包括文学作品和科技、法律等非文学翻译，因为这些文献中通常都会用一些成语。

俚语词典国内常用的主要有《英汉美国俚语大辞典》《英语俚语大词典》等几种。这些词典收录的俚语比较多，在翻译某些文学作品、军事文献以及影视作品时非常有用。缩略语词典目前常用的有《新英汉缩略语大词典》。

此外，近年来国内还出版了几种英语外来语词典和英语新词语词典，也属于英汉词典，如《21 世纪英语新词词典》等，对于职业译者理解英语原文也很有帮助。有些专门的英汉词典也有助于确定英语译文的用词，如《最新英语短语动词词典》，对英语常用动词短语的用法做了详细的解释，成了汉译英时常用的词典之一。

总之，专门的英汉词典收录了很多综合性词典中查不到的词，译者如果多准备几种，翻译时会方便许多。

相比之下，国内出版的汉英词典种类要少得多。目前，常用的综合性汉英词典主要有《汉英词典》《汉英大词典》《新时代汉英大词典》等。这几部词典都是多位专家积多年之功编纂而成，收录的词汇比较多，对词的解释也比较详细，通常每一个汉语词都给出好几个对应的英语词，译者在查阅时可以有所选择。

总体来说，《汉英词典》的解释比较准确，所用英语比较地道，但收录的词汇不如其他两本词典多，而且词条中专业词汇所占比例较大，一些常见的词没有收录，而且对有些词只是解释，没有给出大致对应的英语词。

《汉英大词典》《新时代汉英大词典》规模稍大，收录的常用词比较多，但还是漏收了许多常用词，对有些词的解释也不够准确。此外，还有一些袖珍汉英词典，如《袖珍汉英词典》等，有些译者也经常查阅。不过这些词典收词不多，对词的解释也非常简略，提供的对应英语词很少，翻译长篇文献时用处不大。国内出版的专门汉英词典种类更少。在为数不多的此类词典中，成语词典和歇后语词典占了一定的比例。此外，《现代汉语词典》近年来出版了汉英对照本，也可算作是汉英词典。该词典收词比较多，特别是常用词比较多，对于从事汉英翻译的译者很有帮助。

英语词典种类繁多，就综合性词典来说，仅国内引进版权出版的就有好几种，书店中也时常有国外原版出售，各大图书馆收藏得更多。从词典的词汇量来看，英语词典是最齐全的，从手掌大小的袖珍词典到数十卷的大部头都有。国内译者通常只在三种情况下才查阅英语词典：一是英语原文中的生词比较生僻，英汉词典中查不到；二是英汉词典中虽然能查到，但所给的义项不够多，与生词在原文中的语境不符；三是汉译英时对某些英语词的用法没有把握。因此，词汇量太小的袖珍英语词典在翻译中用处不大。词汇量稍大一些的英语词典有《牛津高阶英语词典》《朗文当代高级英语词典》。

另外，国内出版了英汉双解版，对于译者查找一些不太生僻的词，或是了解常用词的用法很有帮助。国内出版的词汇量最大的单卷本英语词典是《新牛津英语词典》。多数英语原文中的生词都可从中查到，但该词典对词语的用法讲解比较简略，汉译英时用处反而没有《牛津高阶英语词典》《朗文当代高级英语词典》大。如果在这本词典中查不到，译者最好到《牛津英语词典》中去查一下。《牛津英语词典》的词汇内容广泛，而且特别详细地分析了各个词的词源。专门的英语词典，国内引进出版的也不少，主要是一些成语词典、新词语词典及同义词词典等。成语词典、新词语词典收词较多，英语释义也比同类的英汉词典更利于译者把握。同义词词典对于译者汉译英时选词特别有用。

汉语词典在翻译中的作用往往为人们所忽视。其实，在理解和表达两个阶段，汉语词典都可以起到重要的作用。汉译英时，特别是翻译古代文献和文言文成分较多的文献时，译者往往会遇到一些不认识的字，或是不理解的词，这时就要查阅汉语词典。英译汉时，译者有时虽然想好了该用什么汉语词，但又不太有把握，或者忘了某个字的写法，这时也需要查字典。

目前来看，综合性的汉语词典中，最常用的是《新华字典》《现代汉语词典》。《新华字典》对字词的解释简明扼要，查阅起来非常方便，但所收录的词汇不多，有些文言色彩的词没有收录。《现代汉语词典》收集的词汇较多，常用字、词及相当一部分文言词从中都可查到。词汇量更大的词典，如《辞海》《辞源》等，虽然收录的词汇非常全，对词的解释也很权威，但词汇量太大，查阅起来不是很方便，在翻译中用得不是太多。但如果原文中有特别生僻的字词，翻译时也需要查阅这些大型词典。

（二）专业知识词典

专业知识词典专门收录某个或某些特定专业和领域的词汇，主要是专业术语。这一类词典对于翻译专业性文献的译者特别有用。职业译者很少能成为其他行业的专家，翻译专业性文献时，总会遇到一些不理解的专业术语，有时还有可能看不懂原文的内容。这时查阅专业知识词典，问题往往就会得到解决。

按语言来分，专业知识词典和语言类词典一样，也可分为英汉词典、汉英词典、英语词典和汉语词典四类。英汉专业知识词典国内出版得比较多，覆盖的专业领域也比较全，这些词典一般只提供英语术语的汉语译名，不作详细的解释。英译汉时直接把词典释义拿来用，通常不会有什么问题。但这些词典收录的新词一般都不是很多，翻译新发表的专业文献有时会显得不够用。汉英专业知识词典国内出版得比较少，覆盖的专业领域也不多，有些重要的专业领域甚至至今仍然没有汉英词典，但对职业译者来说，这一类词典尤其实用。除非译者翻译的是自己精通的那个领域，否则汉译英时不大可能知道汉语术语对应的英语名称。英语专业知识词典主要针对英语读者，对词条的解释比较详细，收录的词通常也比较多。英汉词典中查不到的词或者义项，到这类词典中往往可以查到，因此翻译专业性强的文献，这类词典用处比较大。

汉语专业知识词典数量众多，门类齐全，但在翻译中的作用往往为译者所忽视。实际上，这一类词典对于译者了解某一领域的基础知识、读懂专业性的汉语原文、英译汉时确定用词都很有帮助。此外，国内还出版了不少多语种的专业词典，如《日英汉水泥与混凝土词典》等。这一类词典基本上可看作是多语种的术语对照表，用起来比较方便，但由于收词较少，有些专业词汇可能查不到。

按学科来分，专业知识词典可分为单科词典、多科词典和综合词典三大类。单科词典只收录某一个学科的词汇，通常只给出词条在某一学科中的含义。多学科词典收录两至三个邻近学科的词汇，每个词条下面给出该词在多个学科中的含义。综合性词典指的是收录许多学科词汇的词典，一般分为文科和理科（或科技）两大类，比如《综合英汉文科大词典》和《综合英汉科技大词典》。这类词典通常收词较多，对词的解释很全面，给出词条在各个学科中的含义，一本词典可以用来翻译多个领域的文献，使用起来比较方便。但由于涵盖的学科太多，收录的某一个领域的专业词汇可能就不是太多，翻译专业性特别强的文献时，不如单科词典实用。

（三）翻译专用工具书

这种工具书专为译者编写，职业译者在翻译过程中也需要经常查阅，目前常见的有两类：译名手册或译名词典。这类手册和词典只给出词条的汉语或外语译名，不对词条进行解释。词条包括地名、人名、器物名以及专有名词等。

目前国内出版的这一类词典非常多，包括了众多的专科译名词典，如《外军装备厂商译名手册》《联合国及有关组织机构译名手册》等。职业译者常用的有《外国地名译名手册》《英语姓名译名手册》《世界人名翻译大辞典》等。译名问题关系到读者对译文的正确理解和接受，甚至会影响整个学科或行业的健康发展，国家和翻译界对这个问题历来比较重视，要求译者最好采用译名手册中的译法，不要自行其是，以便于译名的统一，避免混乱。因此，翻译时多查一查这一类工具书是非常必要的。

各种翻译手册，包括译者工作手册和翻译行业指南等。译者手册主要介绍译者需要掌握的翻译常识、技巧、理论以及相关的文字处理技巧等。这些手册与翻译教科书和翻译理论著作的区别在于，讲授内容完全着眼于翻译实践，不讲授宏观的翻译理论，有些还讲授校对、标点使用等非翻译方面的知识。这类手册有些是综合性的，如《英汉翻译手册》《英汉汉英新编翻译手册》《著编译审校指南》等。

综合性的翻译手册种类不多，还是专科的多一些，如《计算机常用软件英汉释译手册》《实用汉英外经贸翻译手册》等。翻译行业指南主要介绍翻译教学、翻译市场及翻译机构的概况，目的在于使读者对翻译行业有一个大概的了解。这方面工具书国内出版得不多，流传最广的大概是 20 世纪 80 年代出版的《国外翻译界》。此外，有些翻译理论著作也可起到工具书的作用。比如，译者无法确定翻译标准时，就不妨参考一下理论著作，了解相关领域对译文的要求，认清各种翻译标准的适用范围，从而选择恰当的翻译策略。主要讨论宏观问题的翻译理论著作与翻译实践结合不太紧密，译者没有一定的理论素养，读起来也有一定困难，因此不大可能作为翻译工具书来用。

（四）其他翻译工具书

还有一些工具书，在翻译实践中不太常用，译者只是在翻译某些文本时才偶尔查阅一下，但这并不是说这些工具书不重要。有些问题过于专业，或是在社会上影响不大，其他工具书都没有收录，只有在这些工具书中才可以查到。这类工具书大体有以下几种。

百科全书。百科全书可分为综合性和专科性两种，无论哪一种，都以全面为主要特点。综合性百科全书中，常用的有《中国大百科全书》《新不列颠百科全书》《美国百科全书》等。有些工具书虽然不以百科全书为名，但内容与百科全书完全一样，译者也经常查阅。例如，美国微软公司发行的 *Encarta Reference Library*，可安装在电脑上，使用起来非常方便，内容也很全面，近年来受到国内许多读者的青睐。专科百科全书种类众多，主要学科几乎都有内容较为翔实的百科全书。

近年来，国内还引进了不少英语百科全书，并出版了中文版，译者遇到不了解的英语词条时，不仅可以到英语版中查询，了解其含义，还可以参考中文版的译文。

手册、指南。这类工具书与专业知识词典有重叠之处，都对主要术语和概念加以解释。但通常来说，手册和指南更加详细，注重对具体知识和过程的讲解与描述。译者翻译专业文献时，如果感到原文的内容难以理解，查阅这类工具书往往会有所帮助。

名录。包括人名录、机构名录等。这类工具书的作用在于，帮助译者了解原文中专有名词的确切含义，并确定该名词的译名。有些文献中出现的人名或机构名，由于不为大众所熟知，词典和百科全书中并未收录，但译者为了准确理解原文，或是在译文中加注，以帮助读者理解，必须对这些人或机构有所了解，这时各种名录就成了最好的帮手。还有一种情况是，有些在中国或西方的人和机构，分别有自己的中文名和英文名，译者在翻译时，不能简单地音译，而是要找到目标语中对应的名字，这时就需要查阅双语的人名录或机构名录。因此，各种人名录、公司名录、政府机构名录，都是译者经常参考的工具书。

书目、索引。书目的作用在于可以帮助译者了解某些书籍的通行译名，并为进一步查找资料提供线索。索引种类繁多，可以帮助译者按图索骥，找到需要查阅的资料，或是确定某些引言的出处。如在翻译某英语军事文献时，曾遇到过这么一句话“To lead an untrained people to war is to throw them away”，原文注明是孔子说的，因此译文一定要还原汉语原文。但译者国学基础薄弱，实在猜不到这句话出自哪里，原文是什么。正好手头有一本关于《论语》的索引，查阅带有“战”的索引得知，该句出自《论语·子路第十三》，原文为“以不教民战，是谓弃之”。

年报、年鉴、文摘等。这些工具书可以帮助译者了解特定人物、事件或地方，对于理解原文，确定恰当的翻译策略很有帮助。

总之，翻译工作需要各种知识，译者有必要查阅各种工具书。可以不夸张地说，所有的工具书都可以为译者所用，成为翻译工具书，只是不同的工具书在翻译中使用的频率不同而已。

值得注意的是，随着电脑和网络的普及，工具书的电子化程度不断提高，许多工具书都出了光盘版，有些还放在了网络上。与纸质工具书相比，电子化的工具书有两大优点：一是不占空间，便于携带。多数光盘版工具书都可安装在电脑上，因此只要电脑硬盘有足够的容量，装多少工具书都可以，即使不安装在电脑上，光盘的体积也比书或词典小得多。二是便于查阅。电子化工具书通常都有检索功能，输入一个关键字，可以搜索到该工具书中所有包含该关键字的词条，省去了查阅纸质工具书翻页查找的麻烦。

二、翻译工具书的选择

工具书的选择包括两重含义：一是对工具书的选购和收藏，二是在翻译时对工具书的选用。

就选购和收藏来说，译者应遵循以下两个原则。

第一，常用。译者不可能把所有需要的工具书都买下来，因此译者只需购买那些常用的工具书即可。在常用的工具书中，语言类词典是必须购买的，从事英汉翻译的译者，上面分析的四种词典，即英语词典、英汉词典、汉英词典和汉语词典应各购买一本。如果译者经常翻译某一领域的文献，有关该领域的专业知识词典也应该买一本。当前职业译者不大可能长期只翻译某一领域的文献，因此专业知识词典最好买多学科或综合性的专业知识词典，翻译多个领域的文献时都可以用。

第二，权威。既然购买的工具书数量有限，那么买回来的就应该每一本都是精品，翻译时应该是可靠、可信的。通常来说，工具书权威与否，取决于编著者和出版社的权威性。如果编著者是行业内的权威，即使出版社不知名，工具书一般也可信；同理，知名出版社出版的工具书，即便是由不知名的编者编著，也基本是可靠的。如果出版社和编著者都很知名，工具书一般也差不了。当然，这不是绝对标准。不知名出版社出版的由不知名编者编著的工具书，有的也堪称精品，翻译时也很实用，在翻译行业内可能也会有很好的口碑。因此，同行译者的口碑也是判断工具书权威性的标准之一。

就选用来说，也应遵循两个原则：一是专业对口。翻译专业文献时，最好查阅该专业的工具书，而且最好是单科工具书，如果没有单科工具书，最好选用相关的多学科或综合性工具书，只有这样才能查到某一术语在该专业中的含义，否则极有可能造成张冠李戴的笑话。二是方便快捷。有些译者过于偏爱大型词典，不仅语言类词典要大型的，专业知识词典也要大部头的，其实只要不是过于罕见的义项，或者非常生僻的词，一般的词典都可以查到。大词典虽然收录的词齐全，词义解释也全面，但查找词条和义项特别费时，用起来反而不如小词典方便。

三、翻译工具书的使用

孙致礼教授提出，翻译时查字典要做到“手勤、眼勤、脑勤”。这“三勤”适用于所有工具书的使用。具体说来，译者使用工具书要做到以下三点。

勤查工具书，养成经常查阅工具书的好习惯。当前的职业译者工作和生活节奏普遍比较快，时间比较紧，有时可能不愿意在查阅工具书上花费太多的时间，只要觉得自己大致明白了原文的含义，就开始翻译。这种做法实在不可取。翻译和阅读的最大区别在于，翻译要求译者完全理解原文，每一个字、词、句都要弄懂，而阅读却不一定，只要抓住大意，或是领会了需要理解的内容即可。因此，翻译时遇到把握不准的地方，译者一定要查阅工具书；即便是觉得有把握的地方，有时也应查阅工具书加以核实。

即使译者自己懂了，还应该让读者读懂，这就需要做一些注释。做注释，光凭译者的记忆往往不够，必须参照工具书。为了省事或是省时间，不查工具书，完全靠猜测翻译，往往会造成翻译错误，甚至闹出翻译笑话。

要带着疑问和猜测查工具书。我们说翻译不能完全靠猜测，但猜测却是翻译中不可缺少的一个环节。译者遇到自己不理解的词句时，首先应该结合上下文猜一猜这些词句大致应该是什么意思，然后再去查阅工具书，验证自己的猜测。也就是说，查工具书时，应该带着疑问，带着对原文的猜测。这样可以省去很多时间，结果也比较可靠。否则，对陌生词句可能的含义一点也猜不出来，查阅工具书时，逐个义项或解释查对，不仅费时费力，得到的结果也不可靠。

第三章　英汉语言对比分析

第一节　英汉文化对比

一、文化属性差异

语言文化与人们的生活习惯密切相关。人们在日常生活中通过对事物的观察，创造出丰富的文化词汇。以“狐狸”为例，英语里有一种说法是 set a fox to keep one's geese，译成汉语是“引狼入室”，有“把钱财托付给骗子保管”之意，而英语的本意是“叫狐看鹅”，为何把“狐”译成了“狼”或“骗子”，把“鹅”译成了“钱财”呢？不同社会有它自身的习惯。在西方社会，狐狸偷吃鹅，是西方习俗文化的产物。如果直译，则不符合汉语习俗。而中国的习俗文化中恰好有一个“引狼入室”的典故，所反映的内容与“叫狐看鹅”的内容如出一辙，都是比喻此类事情，于是译成“引狼入室”也就顺理成章了。在汉语里用“河东狮吼”来形容“凶悍、暴躁的女人”，若译成 the roar of the lioness from the east side of the river，英语国家人士就会不知所云。但若用 vixen 来翻译此语，译成 a woman who has a vixenish temper，他们一定会露出会心的微笑。这是因为在西方习俗文化中，vixen 使人联想到的是“悍妇、泼妇”的形象。

二、文化模式差异

汉字具有形象性：如“人”字酷像分腿站立、顶天立地的人的形象；“雨”字中的四点表示雨滴；“从”字就好像一个人紧跟着另一个人走路的情景。另外，汉语爱以具体比喻抽象，以物表感，状物言志。如“蚕食”比喻像蚕吃桑叶一样逐步侵占；“势如破竹”形容形势像劈竹子一样，劈开上端以后，底下的都会随着分开。汉语丰富的量词也是汉语形象化的体现，如一支笔（a pen）、一朵花（a flower）、一根棍子（a stick）、一头牛（a cow）、一匹马（a horse）、一口锅（a wok）等。而英语强调其功能性特点，只是突出了其数量和所描述的客体，没有汉语那么形象直观。

（一）中国人重整体，西方人重个体

具体表现在词义笼统与具体、篇章结构和句法结构的完备性与严谨性以及表现形式的意念与形式等方面。

汉语词义一般比较笼统、模糊，英语词义一般比较具体、准确。例如，汉语中常说“车来了”。这里的“车”可能是英语中的 bus（公共汽车），可能是英语中的 minibus（小型面包车），也可能是 lorry（卡车）。英语中却要分门别类明确地表达出来。汉语中的“你有笔吗”的“笔”，英语必须分别用 a pen、pens、the pen、a pencil、the pencil、pencils 来表达。

再如，“他妈妈是个好人”的英语表达为：His mother is a good woman. 在这里将“人”具体化了，译作了 woman。

又如，汉语中表示的“损坏”，在英语中却要分别依损坏的程度来确定最后用词。表示部分损坏的，常用 damage；表示损坏的程度严重达到了不能或者很难修复的程度的，常用 destroy；表示强调由于某种原因而损坏或损坏的过程是一个逐渐的过程时，常用 ruin。

但汉语有时也有比较具体的。例如，汉语中对英语中的 rice，不同阶段有不同的称谓：在生长期内的叫“稻子”；成熟后脱离植物的茎的称“谷子”或“稻谷”；去壳后叫“大米”；用作种子的叫“稻”；煮熟后叫“米饭”。

（二）汉语注重对称平衡，英语强调严谨性

汉语强调篇章的整体结构，讲究起承转合的完备，注重对称平衡；而英语则强调篇章句式结构的严谨性。所谓严谨性，包括主谓一致关系、动宾的支配关系等等。而汉语句子的二分结构则是语义的，语义的句子结构注重内容的意会性。所谓意会性，就是一句话的意思需要由意境去意会，话题虽是主要的，但不一定是必需的，结构上可以省略。

（三）汉语重意念，英语重形式

汉语的连句成章往往凭借作者的形象思维和灵感思维，句子成分的功能和层次往往置于次要地位。

1. 汉语重意念

语境依赖性：汉语表达往往依赖于语境，很多意思并不是直接表达，而是通过上下文来推断。例如，汉语中的成语、俗语和比喻等，都需要依赖于文化背景和语境理解。

含蓄性：汉语表达往往更为含蓄，不直接表达个人意见或情感，而是通过暗示、比喻或委婉的方式来传递信息。这种方式在商务沟通、社交场合中尤为常见。

关系导向：汉语交流中，关系的建立和维护非常重要。因此，语言表达往往会考虑到双方的关系和面子问题，避免直接冲突和不愉快。

整体性：汉语思维倾向于整体性，强调事物之间的联系和相互依存。在语言表达中，这种整体性体现在句子结构的灵活多变和意义的连贯性上。

2. 英语重形式

形式明确性：英语表达往往更为直接和明确，形式上强调主谓宾结构，信息的传递更加清晰和具体。这种明确性有助于减少误解和沟通障碍。

逻辑性：英语的逻辑性较强，句子结构和语法规则严谨，强调逻辑顺序和因果关系。这使得英语在科学、法律和技术文档等领域中使用更为广泛。

个体主义：英语文化背景中的个体主义倾向在语言表达中也有所体现，个人意见和观点可以直接表达，强调个体的独立性和自主性。

规则性：英语的语法规则和拼写规则相对固定，这使得英语在书面和口头表达中都有一定的规范性，便于学习和使用。

（四）英汉的生活哲理不同

由于受孔孟儒家礼教学说的影响，汉语里强调“尊人卑己”，表现在汉语称谓语中，如汉语第一人称单数有尊卑之别：鄙人、奴（才）、妾、老身等。而英语中，由于受罗马文化、希腊文化和希伯来文化的影响，第一人称单数则没有尊卑的区别，只有一个代词“I”，而且始终是大写的，以凸现其“个人中心主义”的特征。

汉语里强调“吃苦在前，享乐在后”，而英语中则表现为：The first in danger as the first in fame. 意思是“吃苦在前，享乐也应在前”。

（五）世界观的差异导致的词语的语体色彩的不同

语言意义的延伸受民族心理的制约。一个词语的词义是朝褒义方向延伸，还是朝贬义方向延伸，与某民族对词语的心理情感的好恶有密切的关系。“狐狸”在英语、汉语中的基本意义相同，都指普通的、野生的食肉犬科动物，性情狡猾多疑。但在东方文化中，它的引申意义完全是朝着贬义方向发展的。例如，人们把勾结在一起的坏人称为“狐朋狗党”（a gang of scoundrels）；把仗势欺人的行为称为“狐假虎威”（to bully people by flaunting one's powerful connections）；把用奉承、拍马屁的手段来迷惑人的行为称为“狐媚”（be witch by cajolery）。然而，在英语里，虽然人们会用 an old fox 来形容狡猾的人，用 to play the fox 来表示“耍滑、假装”，但英语的“fox”却没有十分浓厚的贬义色彩。在英语国家里，人们在形容狐狸狡猾多疑的同时，也多了一分对它外表的“俊俏”和内在的“精明”的赞许。类似的还有“dog”一词。在汉语里，与其相关的词语多是贬义词，如“走狗”“落水狗”“丧家之犬”等。但在英语里，dog 作为人们的宠物是备受喜爱的，因此有了 lucky dog（幸运儿）。

第二节　英汉词汇对比

一、构词法对比

（一）构词形式比较

1. 前缀

英语词汇常用的前缀约 130 个，汉语只有几十个，前者如“auto-/pre-/anti-/mis-/un-”等；后者有“自、前、反、非、不、超”等。英汉前缀在意义上基本呈一种对应关系，如 pre-对应“前”，anti-/counter-对应“反”，ir-/un-/de-/a-/im-对应“不”等。主要不同有：一是汉语部分前缀在英语中没有对应表达，如“阿、初、本、第、老”等；少数汉语前缀与英语后缀对应，如汉语前缀“能、使”与英语后缀 able 对应：可能行的—workable、使人舒服的—comfortable。①

2. 后缀

英语后缀约 190 个，其中名词后缀 100 多个，如“-sion/-ness/-ation/-ist/-ity”等；形容词后缀近 60 多个，如“-icy/-ive/-ent/-ary/-ory”等；其他的是副词、动词等的后缀，如“-ize/-ise/-ify/-ward/-wise”等。汉语后缀不多，主要是名词后缀，如“头、员、性、主义、分子”等。语义上，所列英汉后缀基本呈对应关系。主要不同有：一是汉语后缀“头、儿、子”没有相应的英语后缀，如桌子、来头、头儿等；二是汉语中有一种三音节后加式词语，由词根和一个叠音后缀组成，英语中没有对应的后缀，如黏糊糊、灰蒙蒙、酸溜溜等；三是汉语中一些派生出的新词缀，英语中也没有对应的后缀，如上班族、考研热、危机感等词里后缀“族、热、感”等；四是英语的构词形态很少使用句法关系，而汉语后缀构词法引入了句法关系，且应用广泛，例如：汉语后缀生成的词语中含有动宾关系如“布道师”，主谓关系如“私有化”，并列关系如“压榨机”等。

（二）构词方法比较

1. 复合构词法

英汉语的构词法都很发达。英汉语中都存在大量的复合词，其中以名词居多。就复合词的句法关系来看，分为四种：主谓、动宾、偏正和并列。但是，有时在同一种句法逻辑关系中，英汉复合词在结构格式上仍然存在不同，如同为动宾关系的 letter writing 和写信，前者为 letter（名词）+writing（动词），后者为写（动词）+信（名词）；同为主谓关系的 earthquake 和地震，前者为 earth（名词）+quake（名词），后者为地（名词）+震（动词）；同为偏正关系的 grandfather 和祖父，前者为 grand（形容词）+father（名词），后者为祖（名词）+父（名词）。

2. 转化构词法

通常英汉语转化法构词类型主要有名动、形动、形名之间的转化。英语有时有语义和语音的变化，如 drink 由名词转化为动词，既有“喝”的意思，

① 郭惠琴. 英汉语言对比与翻译研究［M］. 北京：北京工业大学出版社，2019：23-43.

还有“吸收”的意思；digest 由名词转化为动词时，重音由第一个音节移到第二个音节。汉语也涉及语音变化，如“种”由名词的上声转化为动词“种”的去声。但是，英语同一个词可以有多种转化，形容词 like 可转化为连词、动词、介词和名词等；而汉语同一个词一般只在两种词性之间转化，如：书写—写字（名词—动词）、老年—老一个人（形容词—副词）等。

二、词类对比

从词类方面来看，英语和汉语大体一致，都有名词—noun，动词—verb，形容词—adjective，代词—pronoun，副词—adverb，介词—preposition，连词—conjunction，感叹词—interjection。但是，汉语有量词，如个、本、只等，英语没有量词。在英语里多是名词表示汉语量词的意思，称其为“表量词”，如：inch/yard/mile 等；汉语有语气助词，如之、啦、呀等，英语没有。英语有冠词（a/an/the），汉语里没有；英语中的关系代词和关系副词在汉语中没有对应的词类。然而，词类空缺并不表示不能翻译，只要词汇有意义，都能用语言表达，这是语际翻译得以存在的根本原因。

（一）英语冠词的翻译

当不定冠词 a、an 表示数的概念时，和 one 同源，表示“一”；不定冠词还可以泛指种类，英译汉时，通常不必译出；定冠词 the 表特指时与 this、that 意思相同，即对话人双方都明白指的是谁或什么。

（二）英语的关系代词和关系副词的翻译

若关系代词指物或人，可用其所指代的名词来翻译，也可用“他（们）、她（们）、它（们）”等代词翻译；关系副词 where、when 则可用汉语的介词短语“在某地、在某时”等翻译。

（三）对汉语的语气助词的翻译

英语里可用语音、语调、标点符号、特殊词语和词序来表达。

（四）汉语量词的翻译

汉语中的量词常和数词结合成数量词，而英语没有量词，所以译成英语时，一般只译数词，而不译量词。如："三个工人"译成 three workers。但是，汉语中的量词也可以翻译成一些表示量的概念的名词。这种特殊量词，在结构上采用"名词+of+名词"等形式。

第三节 英汉修辞对比

英汉修辞法在方法、传统、形式与内容、发展及学科性质等方面既有共性也有个性。英汉修辞学都十分重视文章开头的精心锤炼，强调要生动、得体、精要。汉语和英语中有些修辞格是基本对应的，如明喻、拟人、通感、借代、重复、仿拟、夸张、拟声等；有些只是局部对应，如隐喻、委婉、双关、移就、对顶、对偶、排比等。但无论是在词法系统，还是句法结构等方面，英汉语都存在本质性的差异。

一、语义修辞

英汉语义方面都有大量修辞方式。语义修辞主要包括比喻、委婉、夸张、双关、移就等，是指通过打破常规的形式、内容与逻辑思维的语言手段组合语言材料，生成超脱常规的语言意义或词汇意义。在翻译英语语义修辞语时，要注意符合汉语的表达习惯。现举比喻、夸张、委婉三种语义修辞格翻译分析如下。

（一）比喻

比喻是语言中应用最为广泛的修辞手段。据《现代汉语词典》记载：比喻指"用某些有类似点的事物来比方想要说的某一事物，以便表达得更加生动鲜明"。比喻有四要素：本体、喻体、比喻词、相似点。多数学者认为汉语的比喻主要分为明喻、暗喻、借喻等，英语中与之对应的分别是 simile、metaphor、metonymy。这里主要讨论明喻和暗喻的差异。

英语的明喻指两个或两个以上不同事物之间明显的比喻，通常由 like 或 as 引导。汉语的明喻与英语的 simile 非常相似，比喻的四要素必须俱全。英语比喻词主要是 like、as、as if/as though；汉语的比喻词比英语多得多，不同的文体和语法结构常有不同的比喻词，如"像、仿、似、如同、好像、犹如、宛如”等一般采用直译，但有的英语明喻和汉语明喻的比喻形象不尽相同，有时也用意译法、变通法和注释法。

英语的暗喻是指两个或两个以上不同类事物之间隐含的比喻，由把一个事物等同于另一事物的方式构成。汉语的暗喻和英语的 metaphor，使用频率很高，但比明喻更难理解和翻译。暗喻的特点是不用比喻词，且有时只出现本体，这就使得比喻与被比喻的事物不能一目了然。就暗喻的类型而言，英汉语有相同之点，也有不同之处。

英语的 metaphor 大致可分为三类：一是“X is Y”结构；二是“X_1 of X_2”，本体、喻体同时出现的并列结构；三是只出现本体的结构。汉语的暗喻大致也有三种：一是判断结构“甲是乙”；二是本体与喻体同时出现，但没有判断词；三是偏正式的“状语+中心语”结构，即“状中结构”。

暗喻翻译的方法包括直译、直译+注释、转换、意译等。英汉语中共有的“X is Y”“甲是乙”暗喻结构比较适合用直译；带有文化内涵的习语型比喻可采用直译并增加注释说明的方式；不适合直译的暗喻，可考虑将其转换为明喻，转换的另一层含义是改变比喻形象即喻体；放弃比喻修辞，译其意义。

（二）夸张

英语的夸张指不能按照字面进行理解，夸大其词的一种修辞格式。汉语夸张是指以夸大或缩小，甚至违反常规定律的方式，达到强调与突出的语言表达效果。其真正的含义是本质上符合事实，表述上言过其实。其目的是突出事情的本质，加强语言的感染力，激起人们的想象力，达到一种既严肃又滑稽的效果。通常可以直接将原文的夸张结构译入目标语中。

（三）委婉

英语的委婉语指一种含蓄、礼貌的表达方式。英汉委婉语具有大体相同的语用功能和语义特征。但由于英汉民族之间的思维方式、审美标准、价值观念等不尽相同，英汉委婉语也有不同的表达。因此，在翻译中，要灵活根据具体语境选择保留原文表达，或用译文表达替换原文表达。

二、结构修辞

结构修辞是指通过改变语言表达中词语组合与排列的常见顺序，以产生明显的强调效果的修辞方式。结构修辞包括单词结构转换和句子结构转换两大类，主要有平行、对照、反复、省略、倒装等修辞手法。这里主要介绍“平行”与“对照”两种修辞手法。

（一）平行

英语中的平行与汉语修辞中的排比对应，是指结构相同或类似、语义相关、语气一致的词组或句子连续反复出现，以达到明显的强调作用。英语中的平行强调把意义不同的内容以平行的结构进行表达，类似于汉语中的排比。由于英语词汇与结构的特点，这种平行不是很严格，大都是大体平行。从语言层次上看，根据平行结构中同等重要的成分的不同划分，可以将其划分为五种类型：单词平行、短语平行、从句平行、句子平行、段落平行。

平行主要依赖重复部分关键词语或结构，形成强烈的阅读效果。在英汉转换中，应该考虑英语多用替代形式而汉语多用重复的语言表达特点，根据具体语境中的语义信息，可进行如下灵活的调整：首先，保留原文平行结构的特点，并有效传达原文的节奏感与语气；其次，为了达到译文语言表达效果，保留原文平行结构并灵活处理原文平行结构。

（二）对照

英语中的对照，是一种具有次序和匀称等形式美特征的修辞格，指将两个相对立事物的两个对应的方面放在一起，加以比较，给人以深刻的印象。从语义上看，只相当于汉语中对偶的“反对”。翻译对照句时，应该尽量保留原文词性相同、结构相同、节奏一致等修辞特点。但是，具体语境中，英汉语言特征及文化特色的差异有时也使得对照的翻译非常具有挑战性，可以不必刻意追求完全的对仗工整，而是根据译入语的句法要求进行一定的调整，这样译出的对照句虽不完全对称，但仍能算得上“音、形、意”俱美。

三、音韵修辞

音韵修辞是指充分使用语言的各种音韵特征，使得语言组合的声音效果高低有序、节奏分明、长短和谐，达到语言鲜明、生动、形象的修辞效果。语言内存的音乐性驱使人们说话、写作时会选择具有节奏感、韵律美的词语，从而增强语言的感染力以展示语言的音乐美。英汉语中均有大量音韵修饰词。

（一）拟声

拟声又称为“摹声”，指模仿人和动物以及客观世界的各种响动构成拟声词，以实现语言表达的直观性、生动性和形象性。英汉语中存在大量模仿人类、动植物、事物声响的拟声词。英语拟声词可用作名词、动词、副词和感叹词，在句子中可作主语、谓语、宾语、补语和状语。汉语拟声词多为形容词，有时也用作动词，在句中可充当独立成分、定语、谓语、状语、宾语等，其中以独立成分居多。英汉翻译中可以考虑尽可能地展现原文声音效果，也可根据具体语境情况，灵活处理原文拟声词，选择省译、不译或增添原文没有的拟声表达。

（二）双声与叠韵

双声与叠韵在汉语中是一种典型的音韵修辞手段。双声在《辞海》中的解释为：“音韵学术语。指两个字的声母相同。”叠韵指词组中两个字的韵母相同。在英语中，头韵指相邻或相近几个词的起头音相同。另外，英语的“准压韵”“半韵”“半谐音”指两个字只有重读的元音相同，而其后的辅音不同。

综上，从韵律格式上讲，英语的 alliteration 与汉语的双声基本一致，英语的 assonance 与汉语的叠韵也非常相似，但还是存在许多差异。汉语的双声和叠韵以字为构成单位，而英语的 alliteration 和 assonance 以词为构成单位，汉语中的字只相当于英语中的音节。汉语的双声和叠韵指两个词间产生的音响效果，而英语 alliteration 和 assonance 中不仅限于两个词间，它们往往还出现在三个甚至更多的词之间。另外，汉语的双声和叠韵必须是两个同声的词紧靠在一起，一旦隔开使用就会失去连绵的音响效果，而英语的 alliteration 和 assonance 几乎所有情况都是由其他音节分隔开的。在英汉翻译中，考虑到汉语双声、叠韵与英语 alliteration、assonance 在音律格式上的相似性，应尽量保持原文音韵修辞特色，以符合译文的相应的语音组合方式进行传达。

第四节 英汉语言结构对比

汉语和英语在结构层面上存在明显不同。汉语是从象形文字发展而来的表意语言，表意是汉字的基本特点。在句子结构层面，意念是组词成句、联句成篇的主要依据，再加上中国文化是高语境文化，汉语对结构词的依赖很小，这就使得汉语句子短小，言简意赅。英语是拼音文字，词汇有曲折变化，再加上英语是低语境语言，“以形统神”便成了英语的基本特点。

一、形合与意合

英汉两种语言在结构上的主要差异是形合与意合的差异。形合与意合是语言连词成句的内在依据。所谓形合，指的是语言中词与词、句与句的结合主要凭借词形变化、关系词、连接词等显性手段。意合则不同，它是指语言中词与词、句与句的结合主要依靠语义上的关系和联想达成，这种结合在外部形态上没有明显的标志，交际双方根据语境和语感对语句作出正确的解码。就自然语言而言，既没有完全的形合语言，也没有100%的意合语言。事实上，任何一种语言都是形合、意合兼而有之，只是该语言侧重形合还是侧重意合罢了。许多中外学者经过研究认为，英语是形合特征比较明显的语言，而汉语则具有明显的意合特点。①

作为重形合的语言，英语遣词造句时注重形式连接，而且连接手段和连接形式十分丰富，包括介词、连词、关系代词、关系副词、连接代词、连接副词等。形合特点使得英语句子结构形如大树，主干分明，枝繁叶茂；形合也使得英语句子以形驭意、以形统神。

与英语不同，汉语具有明显的意合特征，连词成句注重意念连贯，不求结构完整，句子以神统形，聚散自如。在汉语里，跟显性的语法相比，隐性的语法比重更大。因此，汉语句子好似一窝竹子，地上根根分离，地下盘根错节，形散而神聚。

我国著名语言学家王力先生在《中国语法理论》一书中指出：“就句子的

① 侯娟娟. 英汉语言的对比研究［M］. 北京：北京工业大学出版社，2020：82-95.

结构而言，西洋语言是法制的，中国的语言是人制的。”王力先生的论述形象地点出了英语和汉语在结构上的差异。了解英汉两种语言的结构差异对于我们正确理解和精当翻译不无益处。

二、主谓结构与话题主语

人们通过研究发现，英语句子纵使千变万化，总是由如下五种句式演变而来：SVC（主—谓—补）、SV（主—谓）、SVO（主—谓—宾）、SVOO（主—谓—间宾—直宾）、SVOC（主—谓—宾—补）。这五种句式尽管成分各异，但都有一个相同的部分，那就是它们都有 SV，即主语+谓语。因此，说英语是主谓结构明显的语言一点也不假，缺少主语或谓语的英语句子是不能接受的。这些都是针对简单句而言的，复杂句的情况只是稍微复杂了一些。复杂句是从句通过关系代词或关系副词与主句连接而成的，主句和每一个从句自身都是一个简单句，因此也都遵从上述原则。英语句子中动词有时、态、体的变化，而汉语的动词则没有，因此无论是写作还是翻译，我们都会将汉语动词的使用模式照搬到英语中来，结果造成缺少主谓或多个主谓的英语句子。英语句子也同样是表达意念的，但与“意念”相比，句子的“形”更重要，因此“形”也就成了判断英语句子是否正确的首要标准。英语句子在主谓上的这种严格要求是英语“以形统神”的具体体现，也是对“西洋语言是法制的”论述的最好脚注。英语从句发达，从句标记明显，形成“多支共干”的现象，句子在构成上呈现“焦点透视”。

与英语不同，汉语没有词形的曲折变化，句子的构成以意念为主轴，以话题为中心，形成“以神统形”的特征。与句子的“形”相比，汉语句子的“意念”更重要，也是汉语使用者必须首先考虑的问题。这就是为什么汉语句子可以没有主语，可以没有动词，或者主语和动词都没有，甚至一个句子中出现几个动词连用的情况。例如：①快点，要不就晚了。②我让他打电话告诉你去开会，没想到他全忘了。

汉语重“神”轻“形”的传统由来已久，从汉语语法研究就可见一斑。“汉语的发展，可以说是到了汉代就已经相当成熟了。”从汉代到 19 世纪末的两千多年里，我国学者、文人对汉语进行了深入研究，但这些研究基本局限在音韵、训诂等方面，对汉语语法却没有系统像样的研究。直到 1898 年，我国第一部体系完整的汉语语法著作《马氏文通》才迟迟问世。《马氏文通》

是清末学贯中西的大学者马建中“从经、史、子、集中精选例句，参考拉丁语法研究古代汉语的结构规律……用近代语言学观点编写的第一部汉语语法著作”。像汉语这样历史悠久的语言，在走向成熟两千年后才有系统完整的语法著作，除了其他因素以外，汉语自身轻“形”重“神”的传统才是真正的原因。因为《马氏文通》以西洋语言的语法规律作为范本研究汉语，难免忽视汉语语言的自身特点，有“削足适履”之嫌，因此，自20世纪三四十年代起《马氏文通》就遭到质疑、批评。

汉语“以神统形”的基本特征主要体现在句子的“话题主语”上。英语和汉语虽然都有主语，但英语句子的主语是“语法主语”，即主语并非完全出于陈述的需要，而是语法规则的要求使然，这样也就不难理解英语中的“形式主语”和“形式宾语”现象了。汉语句子的主语却不尽相同。汉语的主语，或者更准确地讲是“主位”，主要是“话题主语”，句子的其他部分构成“述位”，对“主位”予以说明。汉语的“话题主语”使汉语句子的构成受意念管束，很少受语法的制约，因此形式多样、流变自如、短小精悍就成了汉语句子的特色。在句与句的结合上，汉语不用或是少用连接词，“以神统形”，使得行文跳脱自然。汉语的这些特点与中国画的“散点透视”不谋而合。

三、逻辑主轴与意念主轴

与形合、意合特点相适应，英语和汉语在句子构成和连句成段上分别遵循“逻辑主轴”和“意念主轴”的基本原则。逻辑和意念是任何语言的句段都不可缺少的因素，但是不同语言在句段的构成上对逻辑和意念的侧重程度却不尽相同。英语的“形合”特征除了以“主语—谓语”的句子主干体现出来外，还体现在逻辑因素在句段构成上的重要作用。汉语句段也讲逻辑，但与句段所表达的意念相比，就没有那么重要了。因此可以说，英语句、段始终围绕着“逻辑主轴”，而汉语的“主轴”却是“意念”。

例如：重庆的夏天比北京热。

译文：The summer in Chongqing is hotter than that in Beijing.

原文是个地道的汉语句子，尽管从字面严格考究不合逻辑，但它所表达的意念既明白易懂，也不悖逻辑。如果改为“重庆的夏天比北京的夏天热”，字面倒是符合逻辑了，但失掉了汉语简洁明快的特色，不为国人所采用。

四、逗号

逗号是英汉两种语言中最常用的标点符号，虽然形状相同，但它们的用法却不尽相同。让我们先看看标点符号。就使用的年代而言，英语的标点符号历史悠久，而汉语的标点符号却只有一百多年的历史。我们知道，古汉语是不用标点的，断句的工作必须由读者完成。因为没有标点，文字交流有时会闹出一些笑话或产生一些意想不到的艺术效果。

例如：古时候有人去访友，抒完旧情酒足饭饱之后，不但毫无去意还想再住一天，但又不好开口。这时恰逢天降小雨，客人便要来笔墨纸砚写下“下雨天留客”五个字，意思是：下雨，天留客。主人看了便在后面加了“天留人不留”几个字，意思是：下雨，天留客。天留，人不留。客人看后拿笔，将那十个汉字分成四句：下雨天/留客天/留人不/留。主人看完也只有摇头的份儿。现代汉语中标点符号是正常交流必不可少的。虽然汉语的标点符号是“舶来品”，但英汉两套标点符号还是存在一些不同的。其中最值得一提的是逗号。汉语的逗号用于停顿，表示一句话还没有结束，它的前后两部分可以是构成句子的部分，也可以是两个并行的句子，具体属于哪种情况由上下文决定。因此，汉语逗号的使用虽有规则，但灵活性较大。

第五节　英汉语篇对比

由于英汉思维模式的不同，英语文化中的人们注重逻辑推理，其思维呈直线型发展。汉语文化下的人们注重感性思维，其思维呈螺旋发展模式。因而其在语篇层面也存在很多差异。

一、英汉语篇逻辑结构差异对比

透过语篇的逻辑关系对英汉语篇逻辑结构进行分析，是以逻辑分析为出发点来讨论不同民族间的思维方式和语言结构的表现形式。基于大部分逻辑范畴的互通性，英汉两种语言的语篇的主要逻辑关系大体一致，甚至存在很多的交叠和互通，这些交叠和互通主要源于客观事物间联系的复杂性及其相应逻辑范畴的多样性。但是上升到具体层面也存在一些差异，如联结语的不同。事实上，无论篇章如何展现以及用哪种语言展现，其逻辑语义层次的连贯，才是语篇的实质。反之，没有完整语义整体的语篇也就无所谓语篇。从这个层面进行分析，英汉语篇在逻辑结构方面主要体现在时空逻辑关系、因果逻辑关系、推延逻辑关系等几个方面。

（一）时空逻辑关系对比

时空是世间事物发生和构成联系的依托。时空关系也是最自然、最基本的逻辑关系。英汉语篇在表述语言、体现逻辑关系时存在着明显的不同，尤其在是否使用联结语以及使用显性逻辑联结还是借助于语用语境来实现隐性的逻辑联结方面。

（二）因果逻辑关系对比

从广义的层面来看，英汉两种语言的因果逻辑关系几乎一致，主要差别在于是否用逻辑联结语。在具体的表述中，英语和汉语的时空关系和因果关系也有交叉。

（三）推延逻辑关系对比

推延逻辑关系是层次结构组合序列和语篇意义的一种逻辑联系，具体涉及增添、总结、并举、详述等类型的语义关系的逻辑联结。

二、英汉语篇结构组织差异对比

从语篇中段落结构的组织来看，英美人的思维方式呈直线式，在英语段落结构上具体表现为：从一般到具体，从概括到举例，从整体到个体。由于中国人的思维呈螺旋式，在段落结构上具体表现为：先分后总，先说原因后说结果。

例如：索引在我国出现得较晚。有人认为起源于南北朝的类书就具备了索引的性质。类书是将群书中可供参考的资料辑录出来，分类或依韵编排的一种工具书。它具有文献摘要的性质，并且所记录的范围漫无边际。而索引则只注明文献的出处，使读者“执其引以得其文”，并不是摘录原文之职。并且索引还有严格的范围，如作《史记人名索引》就绝不可将《汉书》中的同名人物一并编入。为古书作索引大体始于明清之际。明末的著名学者傅山曾编制《傅山行草春秋人名韵册页》。乾隆时汪辉祖《史姓韵编》是依韵编排的。嘉庆时期的毛谟所编制的《说文检字》，采用了以部首笔画来进行编排的方法。

三、英汉篇章模式差异对比

篇章模式是以篇章的形式和内容为标准对篇章进行分类的一种方法。不同的语篇类型，其建构语篇的模式也不同。

（一）英语基本的篇章展开模式

常见的英语语篇展开模式有以下几种。

1. 概括—具体模式

“概括—具体模式”是英语语篇中常见的模式之一。“概括—具体模式”又称作“一般—特殊模式”“预览—细节模式”“综合—例证模式”。

（1）特点

引入主题：文章的开头会提出一个总体的主题或问题，为读者设定一个框架，让他们知道接下来将会讨论什么内容。

提供背景信息：在正式展开具体内容之前，作者可能会提供一些背景信息，帮助读者更好地理解主题的背景和重要性。

分点阐述：在提出总体主题之后，作者会逐一提出具体的支持点或例子，每个点都会详细阐述，以便读者能够清楚地看到这些具体内容是如何支持总体主题的。

逻辑连接：在从概括到具体的过程中，作者会使用过渡词或短语来保持段落和论点之间的流畅性和连贯性。

总结：在文章的结尾，作者通常会总结前面提到的具体的点，重申总体主题，有时还会提供对未来的展望或建议。

（2）应用

学术写作：在学术论文中，“概括—具体模式”非常常见。作者首先介绍研究领域的背景和重要性，然后详细描述研究方法、数据分析和结果，最后得出结论。

新闻报道：新闻报道经常使用这种模式来呈现事件。首先给出事件的总体概述，然后提供详细的背景信息、目击者陈述、专家分析等。

商业报告：在商业报告中，这种模式可以用来介绍市场趋势、公司业绩等。首先概述整体情况，然后通过数据和图表展示具体细节。

教育和演讲：教师和演讲者使用“概括—具体模式”来引导听众理解复杂的概念。他们首先提出一个概念，然后通过例子和故事来阐释这个概念。

2. 问题—解决模式

该模式的语篇描述顺序为：说明情况—出现问题—作出反应—解决问题—作出评价。

（1）特点

问题陈述：文章开头直接提出一个或多个问题，这些问题应当是读者可能关心的，或者对某个群体、社会具有重要影响的。

问题分析：在提出问题之后，作者会对问题进行深入分析，解释问题产生的原因、影响和严重性，以及为什么需要解决这个问题。

解决方案提出：在问题分析的基础上，作者会提出一个或多个解决方案。这些方案应当是切实可行的，并且能够针对问题的原因和影响进行有效的解决。

评估解决方案：对于提出的每个解决方案，作者需要评估其可行性、优势和潜在的挑战或缺点。

推荐最终方案：在比较和评估所有提出的解决方案后，作者会选择一个最佳方案进行推荐，并可能会提供实施该方案的具体步骤或建议。

总结：文章结尾部分通常会重申问题的重要性，总结解决方案的关键点，并可能对未来的展望或进一步的行动呼吁进行讨论。

（2）应用

议论文写作：在议论文中，“问题—解决模式”可以帮助作者清晰地展示自己的观点，并通过提供解决方案来说服读者。

政策建议：政策制定者和分析师经常使用这种模式来提出针对社会、经济或环境问题的解决方案。

商业策略：企业在面临挑战时，可以使用“问题—解决模式”来制定策略，解决问题并推动企业发展。

教育领域：教育工作者可能会用这种模式来探讨教育问题，如学生参与度低、教育资源分配不均等，并提出相应的解决策略。

3. 主张—反主张模式

该模式的语篇描述顺序为：提出主张或观点—进行澄清—说明主张或观点/提出反对主张或真实情况。

（1）特点

主张提出：文章开始时，作者明确提出一个主要的主张或观点。这个主张通常是作者希望说服读者接受的立场。

支持论据：在提出主张之后，作者会提供一系列的论据或证据来支持这个主张，这些论据应当是有说服力的，能够使读者倾向于接受作者的立场。

反主张引入：为了展示对话题的全面理解，作者会引入一个或多个反主张，即对立的观点或常见的反对意见。这些反主张应当是合理且具有一定说服力的，以便能够真实反映不同的观点。

反驳反主张：作者会对每一个反主张进行反驳，通过提供更有力的论据、逻辑推理或证据来驳斥反主张，从而再次强化原始主张的合理性。

结论：在文章的结尾部分，作者会总结主张的主要论点，重申其有效性，并可能提出对未来的展望、建议或行动呼吁。

（2）应用

辩论和讨论：在辩论中，“主张—反主张模式”能够帮助辩手展示自己的观点，同时妥善处理对方的论点，提高辩论的深度和广度。

议论文写作：在议论文中，使用这种模式可以使文章更加均衡和全面，有助于作者构建有说服力的论证。

观点文章：在撰写观点文章时，作者可以通过“主张—反主张模式”来展示自己对话题的深入理解，并有效地处理可能的反对意见。

政策分析：在政策分析报告中，这种模式可以用来评估不同政策选项的优劣，提出合理的建议。

（二）汉语基本的篇章展开模式

与英语语篇模式相比，汉语语篇模式更加多样，且与英语语篇模式有很多相似之处，如“主张—反主张模式”“匹配比较模式”和“叙事模式”都是基本相同的。但是，英汉语篇模式的差异更加明显。主要表现在以下两个方面。

1. 汉语语篇的焦点和重心的位置不固定，具有流动性。

2. 汉语语篇中的焦点有时并不明确，甚至会出现根本就没有焦点的情况。

总而言之，词汇、句子、语篇都是翻译的基本单位，对英汉两种语言这几个层面的差异的透彻认识和把握，能为翻译技能的运用奠定良好的基础。

第六节　英汉短语对比

一、英汉短语结构对比

西方当代语法学给短语的界定是两组句法上相连，但其间没有定式动词的词语结构。正是在这一点上，短语与从句有别，因此从句是处在短语与句子之间的层级，句法结构上相对独立的成分始于从句。短语是不能单独使用的，因为它没有定式动词。

从定义上讲，汉语的短语（词组）与英语的短语并没有多大区别，只是汉语中没有什么定式动词与非定式动词之类必备的句法部件。汉语短语中没有动词（除非它本身是一个主谓短语或动宾短语），也不具备一个句子应有的“句调”。总之，在汉语中，短语也是大于词而又“不成句”的语法单位。

汉语短语具有明显的句法强势，英语短语处于句法弱势。这一强弱之别也可以说是从构成开始的。汉语短语一般具有二分性，即可以切分为二。二分性优势是汉语短语的特色，当然，这是就大多数短语而言（例如连谓短语就需要三分或多分）。所谓二分性，就是一分为二。

能不能做二项切分，在翻译汉语词组时是必须考虑的。不能切分的往往是一个复合词，应该当复合词译，否则要当短语，按组成成分的含义来译。

用二项切分法来判断汉语词组，“分而译之”或是“合而译之”是很有效的办法。可切分的词还可以按切分处来分而译之。

英语词类大多有形态词性标志，切分法对英汉翻译意义不大，但名词连用（形容词转换为名词词组）来做一下切分分析则便于理解。

二、英汉短语类别对比

从类别上看，汉语的种类比英语的多。

（一）主谓短语（SV 及其派生式）

英语中没有主谓短语。在英语中，词语一旦进入主谓关系，再短也是句子。

汉语则不同。汉语主谓不仅可以组成短语，短语中还可以带宾语，形成 SVO，或带上补语（相当于英语的表语），形成 SVC 等，不一而足。主谓短语中，主语可以是施事，也可以只是一个话题。如果主语是一个话题，相当于谓语的部分就是述题，它是用来陈述话题的。由谁来陈述、陈述什么呢？什么都可能，陈述者当然是说话者，而不是那个话题。正因为如此，述题中的动词所指代的行为或情态与话题并没有什么直接关系，与说话者才有直接关系。这正是汉语的妙处。

（二）述宾（动宾）短语（VO 式）

所谓述宾关系，就是支配与被支配的关系。具体而言，这种关系表示：①施与受；②“生”与“产”（如写信：“写”是“生”，“信”是“产”）；③“动”与“向”（如回家：“回”表示“动”，“家”表示“向”，还有进城、下馆子等）；④宾语表示的是行为的发出者、主动者（如晒太阳、下班、淋雨、来人等等）。

（三）述补（动补）短语（中心词加补语短语）（VC 式）

述补短语中，述语（V）加补语（C）的关系是后一成分（C）补充说明前一成分（V），这时这个 C 很接近英语中动词短语里的小品词。

（四）偏正短语（Mr-Md 式）

“偏正”中的“偏”是指形容词或副词修饰语（modifier，简称 Mr），“正”是指被修饰语（modified，简称 Md）。汉语的偏正短语是 Mr-Md 语序，英语有 Mr-Md 语序，也有 Md-Mr 语序。

第四章　词语的翻译技能

第一节　词义的理解

所谓“词语”是指词或词组等独立的可以自由运用的最小的语言单位，也是语篇翻译中的基本单位。对词语的理解不深，或一知半解，或因为粗心大意，必然造成误译或错译，进而影响对整个句子、段落和整篇文章的理解。

翻译过程中，无论是英译汉还是汉译英，遇到的也正是词语的理解和翻译。由于英汉两种语言在词汇方面存在较大差异，原文词义的辨析和译语用词的表达就成了英汉、汉英翻译的基本问题，也是影响译文质量的一个关键环节。词义的理解是否得当，除对英汉语言的本身修养外，还涉及有关专业知识和文化背景知识。对初学翻译的人来说，切忌望词生义，不求甚解，尤其是遇到一些常用的多义词时，除了靠日常阅读时多加注意外，翻译中更应勤查字典和有关工具书。

在英译汉中，选择和确定词义通常从以下几个方面着手。

一、从词的语法分析来理解词义

对初学翻译的人来说，准确的理解往往离不开语法分析。语法分析主要从构词法、词性、涉指关系和词在句中充当的成分几个方面来理解。

（一）从词的构成来分析

词的形貌结构体现了词的自身含义，因此，分析词的构成有助于弄懂词义，获得词的基本含义，从而为译入语的选词提供必要的参考依据。

此外，名词的单复数不同，其词义可能全然不同。例如：

force 力量——forces 军队

green 绿色——greens 青菜，蔬菜

finding 发现，探索——findings 研究成果，调查结果

work 工作——works 工厂，著作

（二）根据词性判断词义

英语中一个词可以分别属几种不同的词性。词性不同，词义也有所不同。正确判断词性对理解词语的意义起着决定性的作用。例如，Workers can fish 中的“can”“fish”分别被看成是助动词和动词时，此句应译为“工人们能够捕鱼”；当它们分别被看成是谓语动词和名词时，此句就变成了“工人们把鱼制成罐头食品”。

下面再举几例加以说明。

例 1：Your account of what happened is not right.（形容词）

译文：你对发生的事情的叙述不太正确。

例 2：Go right on until you reach the end of the street.（副词）

译文：一直朝前走，直到你到达街道的尽头为止。

例 3：I have the right to know the truth about the matter.（名词）

译文：我有权利知道这件事的真相。

例 4：I hope your troubles will soon right themselves.（动词）

译文：我希望你的困境很快就能扭转过来。

（三）从涉指关系来分析

所谓涉指关系，指词在上下文中的照应关系，包括人称照应、指示照应和比较照应等。人称照应包括人称代词的各个格、代用词 one、指示代词 such 和不定代词 some、any、each、both 等，以及一些限定词如 much、many、few、little 等。指示照应包括名词性指示词 this、that、these、those 以及副词性指示词 here、there、now、then 等。比较照应指有关涉及词的比较级形容词和副词。

例 1：It may be possible to build faster ships, but scientists believe that they could not travel as fast as light. So they would still have long journeys ahead of them.

（人称照应）

译文：虽有可能造出速度更快的飞船，但科学家相信这种飞船的速度不会达到光速，因此，科学家还面临着漫长的探索道路。

例2：Health is above wealth，for this cannot give so much happiness as that.（指示照应）

译文：健康比财富更重要，因为财富不能像健康那样给人以幸福。

例3：I hate blue shirt；white suits me but grey is the most preferable.（比较照应）

译文：我讨厌穿蓝衬衫，喜欢穿白衬衫，而最喜欢穿灰衬衫。

（四）从句子成分来分析

一个词语在句中充当的成分不同，意义也不相同。特别是当某些词语，从形式上看，既可用作这一成分，又可作另一成分时，必须根据上下文和全句的意思做出准确的判断，否则就会产生理解错误。

例1：The inventor began his scientific career as a chemistry teacher.（介词短语做状语修饰动词 began）

译文：这位发明家从化学老师开始了他的科学生涯。

例2：His first act as an engineer was to labour in the workshop.（介词短语做定语修饰名词 act）

译文：他当了工程师后的第一个行动是下车间劳动。

例3：A successful scientist rejects authority as the sole basis for truth.（介词短语做宾语 authority 的补足语）

译文：有成就的科学家总是拒绝把权威当作真理的唯一基础。

例4：I wrote four books in the first three years，a record never touched before.（画线部分为评价性质的附加语，对主句做补充说明，不能理解为 wrote 的宾语）

译文：我在头三年里写了四本书，打破了以往的记录。

二、根据上下文和逻辑关系来确定词义

一般说来，一个孤立的英语单词，其词义是不明确的。句中的词从其所处语法、语义关系及其与其他词的指涉关系中获得词义，即当其处于特定的

关系中时，它的词义将受到毗邻词的制约而稳定明确。这里的上下文包括词的搭配、一般意义和专业意义、词的文化背景知识、上下文提示、有关虚词的关联作用、逻辑关系等。因此，根据上下文和逻辑关系判定词义是词义辨析中非常重要的方法。

例 1：You should check your answers again and again before you hand in your paper.

译文：你交卷之前应当反复核对答案。

例 2：I have not checked my luggage yet.

译文：我的行李还未寄存。

例 3：A change of wind checked the fire.

译文：风向改变抑住了火势。

例 4：Have you checked the examination papers yet，sir?

译文：你改完试卷没有，先生？

三、根据词的搭配来选择词义

词的搭配指词与词之间的一种横向组合关系。英汉两种语言在长期使用过程中各自形成了一些固定的词组或常见的搭配，这些搭配有时可以逐字译成另一种语言，有时则不行。造成英汉词语搭配差异的因素有三种：词在各自语言中使用范围大小不同；词在各自语言中引申意义有所不同；词在各自语言中上下文的搭配分工不同。因此，翻译时应注意英汉两种语言中词的搭配差异，在译语中选择恰当的语言来表达。

首先，要注意定语和修饰语的搭配关系。

例 1：open

an open book 一本打开的书

an open question 一个悬而未决的问题

open speech 开幕词

例 2：soft

soft pillow 软枕

soft cushion 靠垫

soft music 轻柔的音乐

例 3：红

红糖 brown sugar

红茶 black tea

红运 good luck

其次，要注意搭配分工，如动词与宾语的搭配。

例 4：play

play chess 下棋

to play football 踢足球

play truant 逃学

play high 豪赌

play the piano 弹钢琴

例 5：develop

developing（developed）countries 发展中（发达）国家

develop a model 建立一个模型

develop a base 开辟一个基地

例 6：做

做衣服 to make clothes

做文章 to write an essay

做生意 to do business

此外，动物的叫声在英汉语言中都有各自的表达法，汉语里描述动物的叫声用得最多的是动词“叫”，但英语中动物的拟声词十分丰富，各种动物的叫声都有自己的表达法。翻译时，如不加区别地使用就会出现搭配错误。例如，狗叫——Dogs bark，蜜蜂嗡嗡叫——Bees buzz，绵羊咩咩叫——Sheep bleat，小鸡吱吱叫——Chickens peep，鸭子呱呱叫——Ducks quack。

四、注意词的语用色彩

即注意词义的运用范围、轻重缓急、褒贬色彩、语体色彩和政治含义。任何语言都有语体之分，有文雅，有通俗，有粗野；还有俚语、公文语及术语等。因此，为了忠实于原文的思想内容，翻译时应正确理解原作者的基本政治立场和观点，在译语中选用适当的语言手段加以表达。

（一）词义的运用范围及其侧重点

翻译时应准确理解词的意义，如 country 表示国家的地理范畴，nation 体现在共同的地域和政府下的全民概括，land 指给人以国土或家园之感，state 指国家的政治实体，power 表示国家的实力。再如 look、glance、stare、gaze、eye 和 peep 都表示“看”，但各个词的使用范围却有所不同。look 是词义范围比较广泛而且比较通俗、常用的词，泛指“看”这个动作；glance 是“一瞥”（a short，quick look）；peep 表示“偷看，窥视”（a secret glance）；gaze 表示“凝视，注视”（a long，steady look，often caused by surprise or admiration）；stare 表示“盯着看，目不转睛地看”（a very surprised look or a very ill-mannered gaze）；eye 表示“注视，察看”（watch carefully）。

又如，offender、criminal 和 culprit 都有“罪犯”的意义，但其侧重点却有所差异。offender 指任何违反法律的人，不一定受法律的制裁，如 a juvenile offender（少年犯）、an old offender（惯犯）；criminal 指严重犯法的人，理应受到法律的制裁，如 a war criminal（战犯），a habitual criminal（惯犯）；culprit 则指已被起诉犯下罪行的人。

（二）词义的轻重缓急

表示“笑”的词语有很多，如 laugh 是指“大笑”，chuckle 是指“抿着嘴笑”，smile 是指“微笑”，guffaw 是指“放声大笑”“狂笑”，giggle 是指“傻笑”，jeer 是指“嘲笑”，smirk 是指“得意地笑”，grin 是指“露齿一笑”。

表示“哭”的词语也有很多，如 weep 是指“哭泣”，teary 是指“含泪的”，sob 是指“呜咽”，yammer 是指“哭诉”，howling 是指“哭哭啼啼的”，cry 是指“大哭”。

再如下面两个句子：

例 1：我国的进出口贸易总额有了较大幅度的增长。

译文：There has been a sharp increase in the total volume of imports and exports.

这里 sharp increase 是“激增”的意思，可改译为 big increase。

例 2：我们必须广泛利用现代科学技术的新成就。

译文：We must utilize the results of modern science and technology on a wide scale.

“成就”译为 results 太轻了，可改译为 achievements。

（三）词义的褒贬和语体等感情色彩

词义的感情色彩取决于该词在交际情景中的使用情况，它反映了作者运用某一词语时所赋予它的或肯定，或否定，或尊敬，或诅咒，或古朴典雅，或庄严肃穆，或诙谐幽默等意义。例如“ambition”一词既可作褒义，又可作贬义，完全取决于它在句中所含的潜在态度。请分析这个词在下列句中的不同褒贬义。

例 1：It is the height of my ambition to serve the country.

译文：报效祖国是我最大的志向。

例 2：Now some of the young men in our society are without ambition.

译文：现在社会上有些年轻人胸无大志。

第二节　词语翻译的转换

一、词语的转换

（一）名词和动词之间的相互转换

1. 英语名词转换为汉语的动词

英语中名词使用较多，汉语中动词使用较多。因此，名词和动词之间的互相转换是英汉互译中较常见的转换现象。英语中大量由动词派生而来的名词和具有动作意义的名词，英译汉时常转换为动词。而汉译英时，却常常将汉语的动词转换为英语的名词。

例 1：Rockets have found application for the exploration of the universe.

译文：火箭已经用来探索宇宙。

例 2：A glance through his office window offers a panoramic view of the Washington Monument and the Lincoln Memorial.

译文：从他的办公室窗口可以一眼看到华盛顿纪念碑和林肯纪念馆的

全景。

例 3：Difference between the social systems of states shall not be an obstacle to their approach and cooperation.

译文：各国社会制度的不同，不应妨碍彼此接近和相互合作。

2. 英语动词转换为汉语的名词

英语中有些动词，特别是名词派生的动词，如 characterize、mobilize、behave 等词，在汉语中很难找到相应的动词。因此，翻译时常常将这类动词转换为汉语的名词。而在汉英翻译中，汉语的名词向英语的动词转换也是很普遍的。

例 1：The film Hero impressed me deeply.

译文：《英雄》这部电影给我留下深刻的印象。

例 2：The earth on which we live is shaped like a ball.

译文：我们居住的地球，形状像个球。

（二）英语形容词与汉语动词的相互转换

英语中有一些做表语的形容词，表示知觉、情感、欲望和想法等心理状态，如 afraid、anxious、careful、glad、delighted、cautious、grateful、envious、embarrassed、confident、certain、angry、ashamed、jealous、aware、sorry、ignorant 等。这类形容词在英译汉时，常常转换为动词。

例 1：I think of him when I complain about trifles，when I am envious of another's good fortune，when I do not have a "good heart".

译文：每当我为琐事抱怨的时候，每当我嫉妒别人好运的时候，每当我没有一颗"善心"的时候，我就想起了他。

例 2：Scientists are confident that all matter is indestructible.

译文：科学家们深信，所有物质都是不灭的。

此外，还有一些形容词短语在句中做表语或定语时，也常常译为汉语动词。这类形容词短语有：absent from（缺少）、adaptable to（适合于）、beneficial to（有益于）、harmful to（有害于）、inferior to（不及，次于）、superior to（超越，胜过）、fraught with（充满）、free from（免于）、adjacent to（靠近）、analogous to（类似于）、sensitive to（对……敏感）、empty of（缺少）、contrary to（与……相反）等。

例 3：We are all familiar with the fact that nothing in nature will either start or stop moving of itself.

译文：我们都熟悉这样一个事实：自然界中没有一个物体会自己开始或自行停止运动。

例 4：A responsible government is one responsive to the wishes of his own people.

译文：一个尽责的政府是对其人民愿望做出反应的政府。

相反，在汉译英时，汉语中的那些表示知觉、感情、欲望等心理状态的动词，转为“be+形容词”或“be+形容词+介词短语”的结构。

（三）英语副词和汉语动词的转换

英语中某些在形式上与介词相同的副词，也可以和汉语的动词转换。

例 1：The meeting was over，they all left the office.

译文：会议结束后，他们都离开了办公室。

例 2：The librarian told me that the book was out.

译文：图书管理员告诉我，那本书借出去了。

（四）英语介词或介词短语和汉语动词的转换

英语中介词的使用是相当多的，其中一些含有动作意味的介词和介词短语常常转换为汉语的动词，而且也只有这样译才符合汉语的表达习惯。

例 1：President Lincoln proposed to establish a government of the people，by the people，and for the people.

译文：林肯总统主张成立一个民有、民治、民享的政府。

例 2：Party officials worked long hours on meager food，in cold caves，and dim lamps.

译文：党的干部们吃的是简陋的食物，住的是寒冷的窑洞，点的是暗淡的油灯，在长时间地工作。

同理，汉语中的动词也可以转译为英语中的介词或介词短语。

例 3：今年暑假我们将到夏威夷去度假。

译文：We will be on holiday during this summer vocation.

（五）名词和形容词的转换

英语中的某些名词，特别是一些形容词派生的名词，做表语或宾语，汉译时将其译为形容词更符合汉语的表达习惯。

例 1：As a Beijing Opera actor，he is a great success.

译文：作为一个京剧演员，他是很出色的。

例 2：I am a stranger to the operation of the computer.

译文：我对计算机的操作是陌生的。

英语中的某些表示事物特征的形容词做表语时也可以转换为汉语的名词；有些形容词加定冠词后表示一类的人，这类形容词也可转换为汉语的名词。

例 1：Computers are more flexible，and can do a greater variety of jobs.

译文：计算机的灵活性比较大，因此能做很多不同的工作。

例 2：We should do our best to help the sick and the wounded.

译文：我们应该尽最大的努力来帮助病号和伤号。

上述两种转换现象也存在于汉译英中。汉语中的形容词可译作英语的“be+名词”结构，定语形容词可译作“名词+of”结构。汉语中的名词也可转换为英语的形容词。

例 1：他用热情的款待来遮盖过去自己的窘态。

译文：He covered up his embarrassment with the enthusiasm of his hospitality.

例 2：由于采用新技术，工厂的效率越来越高。

译文：With the new techniques adopted，the factory is getting more and more efficient.

（六）形容词和副词的转换

在英汉翻译中，形容词和副词是可以相互转换的。由于英语的名词或动词可以分别转换为汉语的动词和名词，而修饰名词的形容词和修饰动词的副词也可以随之分别转换为汉语的副词和形容词。

例 1：We should take full advantage of this opportunity to push the sales of our products.

译文：我们应当充分利用此机会进行产品促销。

例 2：The modern world is experiencing rapid development of science and technology.

译文：当今世界科学技术正在迅速发展。

在汉英翻译中，形容词和副词的相互转换也是很普遍的。

例 1：太阳对人的身体和精神都有极大的影响。

译文：The sun affects tremendously both the mind and body of man.

例 2：这位访问学者的演说使我们受到很大的鼓舞。

译文：The speech given by the visiting scholar greatly inspired us.

（七）其他词类的转换

除了上述几种词类转换外，在英汉翻译和汉英翻译中，副词也可以和名词互相转换。

例 1：All structural materials behave plastically above their elastic range.

译文：超过弹性极限时，一切结构都会显示出塑性。

例 2：Careful comparison of them will show you the difference.

译文：只要仔细把它们比较一下，你就会发现不同之处。

从上面的词的转译来看，在英语学习中，词性概念在翻译时被译者搁置一边，不予理睬的做法是明智的，否则，译出来的英语或汉语就会缺乏可读性。但同时也应注意到，词的转译缘于两种语言不同的表达习惯，并无固定的规律，不同的词语在不同的上下文中可能会有不同的转译方式，这就需要译者在不断地翻译练习中去体会、掌握。

二、变换用词

重复是汉语的一大特点，同一词汇或词组可以在文中反复出现，以求准确或有力。这和汉语是意合性语言有关系。汉语几个相关句子的组织，不是靠连词等手段，而主要靠句子内在的意思来连接。这样，缺少了连词的帮助，依靠词语的简单重复来增加句子的凝聚力便是很自然的了。因为就听者或读者来说，词语的重复要比使用代词、同义词等更能使句子意思明显易懂。而英语是形合性语言，它有连词等语言形态手段保证句子意思的连贯，这样它就可以无所顾忌地追求词语的变化。用不同的词汇来表达同一意义，以求达到活跃文风的效果。

汉语的用词重复还和其语音文字特点有密切关系。从美学的角度出发，为了读起来顺口，听上去悦耳，文章往往追求音节的整齐划一和匀称，这样就出现了词语的重复。而英语的美学规则有所不同。语言学家亨利·华生·福勒（Henry Watson Fowler）在 *The King's English* 一书中指出，重复词要么去掉，要么有所变化。因为重复出现某个词多少有点反常，只要是反常就要去掉。而避免词语重复的办法之一就是追求词语的变化。

鉴于汉英两种语言在这方面的差异，译者应采取相应的措施。翻译学家单其昌指出："英译文中不要总是用同一个词汇或短语，如果用得太多，会使读者感到厌烦，因此用词要多样化。"被重复的汉语词语可以包括动词、名词、形容词等。请看下面例子：

例 1：世界要和平，人民要合作，国家要发展，社会要进步，是时代的潮流。

译文：The world needs peace. The people want cooperation. Nations aspire for development. Society seeks progress. This is the trend of our times.

汉语原文中的四个"要"，在译文中是通过 need、want、aspire for 和 seek 四个同义词实现的。

例 2：封建社会代替奴隶社会，资本主义代替封建社会，社会主义经历一个长过程发展后必然代替资本主义。

译文：Feudal society replaced slave society, capitalism supplanted feudalism, and, after a long time, socialism will necessarily supersede capitalism.

汉语接连三次使用"代替"，并没有给人一种枯燥的感觉。但在英译文中可使用三个不同的词，以活跃文风。

三、动态与静态

学者陈文伯说，汉语句子中动词占优势，英语句子名词占优势，因而前者常表现为动态，后者则表现为静态……所以汉译英常常表现为动态向静态的转化。中国学生在翻译汉语动态动词时，既可以保留英语动态动词，也可以将它转化为静态的表达法。当然，并不是说所有的动态动词都必须转化为静态表示法，但翻译工作者应注意到存在这种转化的可能性。同时还应注意到动态与静态之间的微妙区别。请看下面例子：

例 1：他父亲去世了。

译文 1：His father died.（表示动态）

译文 2：His father is dead.（表示他父亲已不在世的状态）

例 2：他出门不在。

译文 1：He went out.（表示动态）

译文 2：He is away. /His out.（表示他出远门了或表示暂时出门不在的情况）

四、词语的变通手段

两种语言之间的差异决定了翻译活动的复杂性。而且语言也在不断发展，英汉新词语在不断出现，构词手段也在逐渐发展。在一般情况下，如果仅仅依靠单一的或一成不变的方法去处理词语翻译的问题，那么翻译活动就很难完成。翻译活动还得讲究一个多样性的原则，因此，除前面所讲的主要的词的翻译方法之外，在翻译活动中还经常采取一些必要的切实可行的变通手段。比如替代法、释义法和缀合法等。

（一）替代法

替代法就是指使用同义词、近义词或以另一角度的措辞来代替原文的词义以适应行文或表意的需要。替代法是翻译过程中重要的译词手段之一。但使用替代法译词，必须注意的是，译者必须对原文词语的词义有准确而透彻的理解，在译文语言里精心选择替代词（substitute）。替代法有以下几种形式。

1. 代词性替代

代词性替代法主要用在汉译英翻译中。这是因为汉语中词语的重复现象远远超过英语，有时还作为一种修辞手段，以加强语气。而英语则不同，在英语中，除非是强调，一般避免重复，代词的使用频率远高于汉语。因此在汉译英时，往往使用代词或关系代词来替代同一意义的词语。

例 1：他讨厌失败，他一生中曾经战胜失败，超越失败，并且藐视别人的失败。

译文：He hated failure；he had conquered it all his life，risen above it，and despised it in others.

例 2：中国有许多风俗习惯，在西方人看来这些风俗习惯是颇为费解的。

译文：China has a great range of customs and habits that may seem puzzling to a westerner.

2. 同义词替代

汉语中成语的使用很普遍，这是因为汉语中成语相当丰富，成语使用得当可以使行文大为增色，通顺流畅，雅俗交融，生动活泼，形象鲜明，从而获得更好的修辞效果。英语中很多词语都可以在汉语中找到意思相同或相近的词、成语或习语替代词。

to kill somebody as an example 杀一儆百

put all cards on the table 打开窗子说亮话

cast pearls before swine 对牛弹琴

spend money like water 挥金如土

have a card up one's sleeve 胸有成竹

例 1：Since modern Western culture is highly diverse，something that has faded completely from one segment of a society can still be flourishing in another.

译文：鉴于现代西方文化千差万别，有些事物在某个社会的一部分地区已经完全销声匿迹，而在另一部分地区可能仍然方兴未艾。

相对来说，汉语中的同义词没有英语中的同义词表现丰富。因此，在汉译英时，英语就可以充分发挥它丰富的同义词优势。

例 2：双方在人权问题上仍有分歧，但在其他所有问题上取得了广泛的一致。

译文：There were still some differences on the question of human rights，but there was broad agreement on all other issues.

例 3：不同的文体所用的语言是不一样的。政论性文章与科技文章不同，新闻报道与文学作品不同，写的文章和嘴上讲话不同。

译文：The language varies from genre to genre. A political essay differs from technical writing；a news report is not the same as a literary work；a written article is quite different from oral speech.

3. 正反替代法

使用替代法可以将正说词从反面说，或将反说词从正面说，即正说反译或反说正译。这种替代法无论是在英译汉中还是在汉译英中都很普遍。

（1）正说反译

fail（失败）——没做成

deceptive（欺骗性的）——靠不住的

against（反对）——不符合

文盲——illiterate

危险的——insecure

厌恶情绪——dislike

例 1：Life is far from a bed of roses.

译文：生活不是一切尽如人意的。

例 2：法律面前，人人平等。

译文：Law is no respecter of persons.

例 3：这个惨痛的历史教训，我们全党同志一定要永远记取，引以为鉴。

译文：No comrade in the Party must never forget this bitter lesson and we must all take warning from it.

（2）反说正译

incomplete（不完全的）——残缺的

disaffection（不忠）——二心

infrequent（不经常的）——偶尔为之的

不开窍的（人）——dumb-bcll（笨蛋）

不到 15 英里——within fifteen miles

不二价——one price

唯你是问——You are to answer it.

例 1：All articles are untouchable in the museum.

译文：博物馆内所有的展品禁止触摸。

例 2：He carelessly glanced through the note and got away.

译文：他马马虎虎地看了那张便条就走了。

例 3：请勿践踏草地！

译文：Keep off the lawn!

例 4：他犯法皆因不懂法律。

译文：His ignorance of law led to crime.

（二）释义法

释义法主要适用于在译语中找不到原语的对应词而又无法将原词加以引

申、替代或直译移植时。以释义法析出的词义是对原词义的阐释。释义法无论是在英汉翻译中还是汉英翻译中都是一种不可缺少的翻译手段。使用释义法不仅可以解决翻译中无对应词的矛盾，而且还可以对某些含有文化背景或特殊含义的词或词语加以解释，以利于译语读者准确理解该词及全句的含义。释义法主要有以下几种形式。

1. 使抽象名词具体化

Mindlessness——思想上的混沌状态

Precaution——预防措施

Magnetization——磁化现象

阴—（in Chinese thought）the soft inactive female principle or force in the world.

阳—（in Chinese thought）the strong active male principle or force in the world.

2. 使隐含的词义清楚明了

Teenager——13 岁至 19 岁的青少年

Prey——被捕食的动物

clock-watcher——老是看钟等下班的人

目不识丁——（not know one's）ABC

德高望重——of high ability and integrity

品种齐全——in complete range of articles

驰名中外——be popular both at home and abroad

3. 阐释文化背景或特殊含义

swansong——绝唱，辞世之作

pumpkin eater——养不活老婆的人

Sapphic——（古希腊抒情女诗人）萨福诗体的

下海——xiahai（to start a business，a company or a shop at the risk of losing one's iron pot/permanent job）

（三）缀合法

缀合法包括两层手段，即连缀和融合。缀合法是综合英汉词义差异的有效手段。连缀指将两个比较贴近或不完全一致的汉语对应词糅合一个词以求扩大词义范围。

例如：They were utterly in the dark about their population and natural resources，and when the job began，much of the territory had not been explored because of racial conflicts.

译文：他们对本国人口和自然资源一无所知；而当这项工作开始时，大部分地区由于种族纠纷并未进行勘察。

融合指完全摆脱汉语词义的束缚，把原文中的词义灵活、不易翻译的词融合成一种表达或融合到整个汉语句子中，只求神似，不求形似。例如：

so subtle and careful an observer——位如此精细的观察家

his mendacity and dishonesty——他的狡诈

a grim and tragic Christmas——个惨淡的圣诞节

（四）形译法和音译法

形译法主要指根据词的实际形状来翻译科技术语。这些专门术语的前部分表示该术语的形象或外表特征的字母或单词，翻译时要将这一部分译成能表示具体形象的词语或保留原有字母。例如，T-beam（丁字梁），O-ring（形环圈）、X-brace（交叉支撑）、V-belt（三角皮带），U-steel（槽钢），T-type highway（T 形公路），Z-iron（Z 字铁），U-shaped spring（U 形弹簧）。

音译法是按原词的发音译成相对应的词语。词语音译是译词法中不可忽视的一种手段。音译法适用于专有名词，包括人名、地名、公司名、计量单位、首字母缩略词以及一些新术语等。例如：

aspirin 阿司匹林

AIDS 艾滋病

Ebola 埃博拉病

TOEFL 托福

Wall Street 华尔街

Citroen 雪铁龙

Olympic 奥林匹克

typhoon 台风

gallon 加仑

coffee 咖啡

五、词的增译与省译

由于英汉两种语言在词法结构、语法结构和修辞结构上都存在差异，因而，对于同一思想内容，它们在表达方式上也必然会有所不同。为了使译文符合译语的表达习惯，在翻译过程中，常常要采用添加或减少的方式来改变原文句中词的数量，这就是词的增补和省译。增词或是为了连接上下文，或是为了补足语气，或是为了避免译文意义含混不清。省译的目的是忠实、通顺、简洁地表述原文的意思。词的增补和省译是英汉互译过程中相辅相成的两种翻译技巧，它们都是常用的切实可行的翻译方法。

（一） 词的增译

英汉互译时，由于意义、语法、句法、修辞或逻辑，以及文化背景差异，常常添加一些结构词、数量词、概念词、语气词以及反映文化背景知识的信息等。

1. 结构增补

由于英汉两种语言在语法和句法上的差异，翻译时，常常添加一些结构词，以使译文清晰明了。所添加的结构词可以是实词，可以是虚词，可以是反映时态或语气的词，还可以是反映逻辑的词。

例 1：They ate and drank，for they were exhausted.

译文：他们吃点东西，喝点酒，因为他们疲惫不堪了。（动词后增加名词）

例 2：The goods in the supermarket are indeed cheap and fine.

译文：这家超市所卖的商品真是价廉物美。（形容词前增加名词）

例 3：Since air has weight，it exerts force on any object immersed in it.

译文：因为空气具有重量，所以处在空气中的任一物体都会受到空气的作用力。（增加连词）

英语中某些抽象名词或表示动作意义的名词，因单独译出时意思不明确，翻译时，常常根据上下文在其后面添加“情况”“作用”“方法”“过程”“工作”“状态”“态度”“现象”“度”“化”“性”等概括词，使译文符合规范。例如：

abstraction 抽象化

intensity 强度

infiltration 渗透作用

processing 加工方法

backwardness 落后状态

preparation 准备工作

tension 紧张局势

arrogance 自满情绪

例 4：I'd like to know something about your scientific experiment.

译文：我想了解一下你们科学实验方面的情况。（增加概括词）

例 5：He dismissed the meeting without a closing speech.

译文：他没有致闭幕词就宣布结束会议。（增加动词）

例 6：We drove in a black limousine，past groves of birch trees and endless rows of identical new buildings.

译文：我们乘坐一辆黑色轿车，经过一丛丛的白桦树和看不到尽头的一排排式样相同的新住宅。（增加表复数的词）

由于汉语句子中，无主句或省略主语的句子十分普遍，因此汉译英时，因英语语句结构的需要，必须根据上下文添加主语。汉语句式呈现“意合”，英语句式呈现“形合”。因而，汉语句子可以包含多个分句，分句之间常常不用连接词，但在意义上却是相关联的；英语分句之间必须有衔接标志。因此，翻译时，必须根据上下文添加适当的连接词。

例 7：累得我走不动了。

译文：It makes me so tired that I can't walk anymore.（增加主语和连接词）

例 8：只有慎之又慎，才能避免犯不必要的错误。

译文：Being very careful，you（we）can avoid making unnecessary mistakes.（增加主语）

例 9：三思而后行。

译文：Look before you leap.（增加主语和连接词）

2. 信息增补

翻译时，为了把意思说清楚，有时需增加一些原文内含的信息，以使译文读者能准确而完整地理解原文的意思。此外，英汉两种语言中都有许多蕴含着特定文化意义和历史意义的典故、俗语、习语等，这些典故、俗语、习语对本国人来说，一看就明白。但在不同文化背景的译文读者看来，却如坠烟云，如不增添一些必要的信息内容或注释，就很难明白这些俗语、习语的真正含义。在这种情况下，也有必要采取增补法，增加内容上所需要的词语和解释。

例 1：According to scientists, it takes nature 500 years to create an inch of topsoil.

译文：根据科学家的观点，自然界要花 500 年的时间才能形成一英寸厚的表层土壤。

例 2：发展才是硬道理。

译文：Economic growth is most important. /Development is the absolute principle.

例 3：她在戏中扮演包公。

译文：She played the male role of Judge Bao (the just and impartial judge in Chinese history).

例 4：三个臭皮匠顶个诸葛亮。

译文：Three cobblers with their wits combined equal ZhuGe Liang the master mind.

（二）词的省译

由于英汉语言在语法、句法和修辞上的差异，有些词语或句子成分在原文中是必不可少的，但翻译时，若照搬到译文中，就会影响译文的简洁和通顺。忠实原文并不等于全部译出原文中的每个字。为了忠实、通顺和简洁地表达出原文的意思，使译文在思想内容上与原文相同，就有必要省去某些词语或句子成分。省译并不是随意删减原文中的某些内容，而是避免内容重复、文字累赘，使译文符合译语的表达习惯。

省译可分为结构性省译和逻辑修辞性省译。结构性省译是由于英汉语言在句子结构上的差异造成的。英译汉时常常省略冠词、人称代词和物主代词、介词、连词、动词等；汉译英时常常省略一些重复的词语。

1. 结构性省译

（1）冠词的省译

英语中有冠词，而汉语中却没有这一词类。因此，一般说来，英译汉中当不定冠词含有“一”或“每个”的概念时，不定冠词常常省略。定冠词用来表示特指某个或某些人或事物时，定冠词也常常省略。

例 1：A horse is a useful animal.

译文：马是有用的动物。

例 2：The sun was slowly rising above the calm sea.

译文：太阳从风平浪静的海上冉冉升起。

例 3：The direction of a force can be represented by an arrow.

译文：力的方向可以用箭头表示。

（2）代词的省译

英语中做主语和宾语的人称代词以及表泛指的人称代词做主语时，常常省略。由于汉语中没有英语中的物主代词和反身代词的词类，因此，根据汉语的习惯，英语中的物主代词和反身代词有时可省略。英语中的关系代词有时也省略。

例 1：He was thin and haggard and he looked miserable.

译文：他消瘦而樵悼，看上去一副可怜相。

例 2：We had much snow last year.

译文：去年下了很多雪。

例 3：Why do we feel cooler when we fan ourselves ?

译文：我们扇扇子时，为什么会感到凉快?

此外，英语中“it”用法很特殊。它除了可以用来指事物或动物之外，还可以做形式主语和形式宾语，甚至还可以用来引导强调结构。在英译汉时，“it”常常省略。

例 4：It was yesterday that we held a meeting in the club.

译文：正是昨天我们在会所里开了一个会议。

（3）介词的省译

大量使用介词是英语的特点之一。汉语中的介词使用没有英语那样频繁。所以，英译汉时，介词常常省略。

例 1：The many colors of a rainbow range from red on the outside to violet on the inside!

译文：彩虹有多种颜色，外圈红，内圈紫。

例 2：The difference between the two machines consists in power.

译文：这两台机器的差别在于功率不同。

例 3：That is a good book which is opened with expectation and closed with profit.

译文：好书使人开卷有所求，闭卷有所获。

例 4：A Chinese diplomat should be firm in stance，broad in vision，swift in wit，qualified in profession，outstanding in talent，and noble in character.

译文：中国外交人员应该立场坚定，眼光远大，头脑敏捷，业务熟悉，才华出众，风格高尚。

（4）连接词的省译

英语中词与词之间、短语与短语之间、句与句之间多采用形合法，即英语造句常用各种形式手段来连接词、短语、分句或从句，注重显性衔接，句子结构紧凑严密，以形显义。英语中的连接手段包括关系代词（如 that、which、who 等）、关系副词（如 when、where 等）、并列连词（如 or、and、but 等）和从属连词（如 whether、because、since 等）。

汉语则不同，汉语中短语之间、句子之间多采用意合法，即汉语中更注重隐性连贯，注重逻辑事理顺序，注重功能、意义，以意统形。因而汉语中少用或不用连接词。英译汉时，连接词常常省略。

例 1：I help him and he helps me.

译文：我帮助他，他帮助我。

例 2：Men and women，old and young，all joined in the battle.

译文：男女老少都参加了战斗。

例 3：I knew the train was coming as I had seen the passengers swarm into the platform.

译文：我看到乘客们涌向站台，知道火车就要进站了。（表示原因）

例 4：If you don't go there tomorrow，they will get angry.

译文：你明天不去，他们会生气的。（表示条件）

（5）动词的省译

英语中，谓语动词是不可缺少的部分。而汉语中，句子是可以没有动词的，直接用形容词（形容词短语）和名词（名词短语）做谓语，因此，英译汉时，可根据汉语的习惯，省略原文中的动词。

例 1：The spring water in my hometown is very very clear.

译文：家乡的泉水清又清。

例 2：When the pressure gets low, the boiling-point becomes low.

译文：气压低，沸点就低。

例 3：For this reason television signals have a short range.

译文：因此，电视信号的传播距离很短。

（6）其他词的省译

在汉译英中，常常省略一些重复的词语或语句。汉语里有些“范畴词”本身没有什么意义，只是重复概括已表达的意思，翻译时一般省略。例如，“计划生育工作”译为“family planning”，“它的 1300 名工人和职员”译为“its 1300 workers”等。此外，汉语为了获得某种效果，常常使用重复的词语或语句。翻译这些词语时，也常常省略。

例 1：大家必须杜绝工作中的浪费现象。

译：We must put an end to waste in our work.

例 2：这是革命的春天，这是人民的春天，这是科学的春天！让我们张开双臂，热烈拥抱这个春天吧！

译文：Let us stretch out arms to embrace spring, which is one of he revolution, of the people, and of the science.

2. 逻辑修辞性省译

逻辑修辞性省译主要是从逻辑或修辞角度出发，省略原文中的一些次要的词语或成分，使译文文字简洁明了，文笔流畅自然，符合译文的表达规范。

例 1：If you want to kill a snake you must hit it first on the head and if you want to catch a hand of robbers you must first catch their leader.

译文：打蛇先打头，擒贼先擒王。

例 2：He who knows not and knows not he knows not, he is a fool—shun him.

译文：无知且不知其无知者，乃愚昧之人——应避之。

例 3：这篇论文总结了电子计算机、人造卫星和火箭等三方面的成就。

译文：The thesis summed up the achievements made in electronic computers, artificial satellites and rockets.

例 4：我们说，长征是历史记录上的第一次，长征是宣言书，长征是宣传队，长征是播种机。

译文：We answer that the Long March is the first of its kind in the annals of history, that it is a manifesto, a propaganda force, a seeding-machine.

汉语中遣词用字往往具有两个特点。第一，习惯使用叠字，重叠构词不仅使得词语音节匀称、形式整齐，而且赋予词语新的意义和感情色彩，如“事事”“字字”“阵阵”“想想”“条条”等。第二，为了获得强调效果，汉语比较讲究句式对仗工整，即使用相似、相对或不同的词语来重复同一意义，这类现象尤其常见于四字格和谚语中。而英语总的来说是一种忌重复的语言。因此，在汉译英时，常常采用省略法，以避免句法上的重复和混乱。例如，称心如意 satisfactory、发号施令 issue orders、深仇大恨 deep hatred、土崩瓦解 fall apart、背信弃义 perfidious、根深蒂固 deeply ingrained、暴风骤雨 a violent storm、花言巧语 fine words、泪如泉涌 a flood of tears、纸上谈兵 armchair strategy。

例 1：台湾海峡两岸的中国人都是骨肉同胞，手足兄弟。

译文：The Chinese on both sides of the Taiwan Straits are of the same flesh and blood.

例 2：此时鲁小姐卸了浓妆，换了几件雅淡衣服，蘧公孙举目一看，真有沉鱼落雁之容，闭月羞花之貌。

译文：By this time Miss Lu had changed out of her ceremonial dress into an ordinary gown, and then Qu Gongsun looked at her closely, he saw that her beauty would put the flowers to shame.

翻译时必须尽力保留原文的内容。但有时在保留原文内容时，不得不改变原文的语言形式，对一些累赘的语言进行省略，以符合译文的表达规范。

例 3：桂林公园里阵阵桂香扑鼻而来，满树金花，芳香四溢的金桂；花白如雪的银桂；红里透黄，花多味浓的紫砂桂；花色似银的四季桂；竞相开放，争妍媲美。

译文：The Park of Sweet Osmanthus is noted for it profusion of Osmanthus trees. Flowers in different colors from these trees are in full bloom, which pervade the whole garden with the fragrance of their blossoms.

由于很难在英语中找到相应的花名，同时也为了避免辞藻堆砌，上句采用去繁就简的省略译法。

例 4：江岸上彩楼林立，彩灯高悬，旌旗飘摇，呈现出一派喜气洋洋的节日场面。千姿百态的各式彩龙在江面游弋，舒展着优美的身姿，有的摇头摆尾，风采奕奕；有的喷火吐水，威风八面。

译文：High-rise buildings ornamented with colored lanterns and bright banners standout along the river banks. On the river itself, gaily decorated dragon-shaped boats await their challenge, displaying their individual charms to their heart's content. One boat wags its head and tail; another spits fire and sprays water.

原文辞藻华丽，文采奕奕，描述生动。译文充分考虑了西方读者的审美情趣，打破了原文的表达方式，删减了不符合英语表达习惯的词句，以简洁明快的语句，表达出原文中龙舟赛场壮观热烈的气氛和千姿百态的龙舟风采。

第五章　语句的翻译技能

第一节　特殊结构句的翻译技能

一、汉语无主句、无宾句的处理

汉语是意合性的语言，只要在上下文中，能够理解其意思，就可省去任何东西，而不考虑语法或逻辑关系。在汉语中，没有主语或没有宾语的句型很普遍，英译时常需将隐含的主语或宾语补上，以合英语语法习惯。著名翻译学家刘宓庆认为，“在处理每一个语段时，必须试做‘完形分析’，力图捋清每一个非完整句（或词组）的结构”，要对汉语形式结构进行补足，“一般待补足的部分主要是主语、宾语及连接词”。①

在翻译汉语无主句时，经常使用以下五种方法：①补上人称代词作为主语，这是在口语体翻译中常用的一种办法；②补上语义比较虚泛的名词当主语；③转为英语被动语态，这种办法常用于正式文体，例如常见于科技论文之中；④将汉语句子中的其他非主语成分转成英语主语；⑤补上省略的宾语。

（一）补上人称代词作为主语

例如：加强思想政治工作，讲艰苦奋斗，都很必要，但只靠这些也还是不够。

译文 1：It is most essential to strengthen ideological and political work and

① 孔祥娜，李云仙. 英语翻译方法与技巧演练［M］. 长春：吉林美术出版社，2018：103-148.

stress the spirit of hard struggle，but counting just on these will not suffice.（《北京周报》）

译文 2：Although we have to strengthen ideological and political work and stress the need for hard struggle，we cannot depend on those measures alone.（外文出版社）

《北京周报》译文机械地将“只靠这些”译成 counting just on these，但使用 counting 充当英语主语不是十分常用、地道。外文出版社译文改用添加人称代词主语 we 的办法，读上去更口语化、更顺畅。

（二）补上语义虚泛或具体的词语充当主语

例如：过去，只讲在社会主义条件下发展生产力，没有讲还要通过改革解放生产力，不完全。

译文：In the past，we only stressed expansion of the productive forces under socialism without mentioning the need to liberate them through reform. That conception was incomplete.

“不完全”可视为“这不完全”的省略形式，英译时可补上主语。补上的主语可以是较虚的 that，也可以在可能的范围内将其更具体化一些，上面译文补上了 That conception，比 that 更具体、更清楚。

（三）转为被动语态

例如：基本路线要管一百年，动摇不得。

译文：The basic line should be adhered to for 100 years，with no vacillation.

以上译文采用被动语态来进行处理，语义正确，在书面语中比较妥当。

但在口语体中，应避免使用被动语态，可添加人称代词作为主语：We should adhere to the basic line for a hundred years，with no vacillation.

（四）将非主语成分转为主语

例如：自然而然地也能感觉到十分的秋意。

译文 1：And a sense of the fullness of autumn will come upon you unawares.

译文 2：And an intense feeling of autumn will of itself well up inside you.

上述两个译文是从客观角度译，都将原句谓语动词译为了译文中的主语。

（五）补上省略的宾语

汉语动词往往没有宾语，隐含的宾语需要读者自己通过推理得出。例如，某人说："我有如下一个建议……"另一人说："我接受。""接受"的隐含宾语就是"建议"。英语中及物动词较多，不宜说 I accept，而应说 I accept it，也必须把宾语显示出来。

二、省略句

语言的使用以简洁为贵，人们在说话、写作和翻译时，有时出于句法和修辞的需要，常常省去某些不必要的成分，而意思仍然完整，这种缺少一种或一种以上成分的句子称为省略句。英语和汉语中都存在省略句。省略的形式多种多样，可以是主语、谓语和宾语，也可以是一个成分或多个成分。对省略句的翻译，不管是英译汉，还是汉译英，关键就在于对省略成分的准确理解。翻译时，根据译文语言的表达习惯，增加或省略被省略的成分。如果不清楚被省略的部分，就会产生误解，导致错误的翻译。

（一）原文中省略的部分，译文中补出

省略是英语句子的一种习惯用法。英语句子中的某个或某些成分有时可以在句中不必出现，或者前面已出现过的某些成分，为了避免不必要的重复，后面可以不再出现。英语中的各种成分，如主语、谓语动词、表语、宾语、定语和状语等，都可以在句中省略，但翻译时，准确理解被省略的成分，可将其在译文中补出。

例 1：The symbol for hydrogen is H；for oxygen，O；for nitrogen，N.

译文：氢的符号是 H；氧的符号是 O；氮的符号是 N。（增加主语）

例 2：Courage in excess becomes foolhardiness，affection weakness，thrift avarice.（省略定语和谓语动词）

译文：过度的勇气变为蛮勇，过度的爱变为溺爱，过度的节俭变为贪婪。

例 3：Truth speaks too low，Hypocrisy too loud.（省略谓语动词）

译文：真理讲话声太低，虚伪嗓门太大。

（二）原文中省略的部分，译文继续省略

英语中被省略的部分，有时根据译文需要，也可以在译文中省略。如有些从句中省略了和主句中相同的部分，此时，根据需要，可以省略原文中被省略的部分，尤其是由 than 引导的比较从句，从句中被省略的部分，常常不译。

例 1：What if the sun is not shining ?（what will happen if...）

译文：如果没有太阳照耀，那怎么办？

例 2：In 1975，the number of students in our school is about five hundred，and in 2005，over four thousand.

译文：1975 年，学校的学生人数为 500 左右；2005 年，已超过 4000。

例 3：The culture and customs of America are more like those of England than of any other country.

译文：美国的文化和风俗习惯与其他国家相比，则和英国最为接近。

在汉译英时，有时根据英语的行文表达习惯，也可以省略一些成分。

三、倒装句

一般说来，英语陈述句的正常词序为：主语+谓语动词+宾语（或表语）+状语。但英语的词序比较灵活，有时为了强调句中某一成分，或从修辞角度考虑，可将句中的有关成分提前，构成倒装。英语的倒装可分为结构性倒装和修辞性倒装两大类。倒装句的翻译关键在于对倒装句的理解，而理解的关键就在于对句子做出正确的语法分析，找出句子的主干，确定什么成分被倒装。一般来讲，翻译结构性倒装句，汉语可采用正常语序，而翻译修辞性倒装句，可根据译文的需要，或保留原文语序，即仍然在汉语中使用倒装语序，或采用正常语序。

（一）结构性倒装句的翻译

结构性倒装是由语法结构的需要而引起的倒装，主要包括疑问倒装，结构倒装，虚拟倒装，以 there、here、then、thus、now、so、nor 和 neither 等副词位于句首引起的倒装。结构性倒装的翻译一般采取正常语序。

例 1：Are you fond of country music ?

译文：你喜欢乡村音乐吗?

例 2：There is nothing on the table.

译文：桌子上什么也没有。

例 3：Had they been given more help，they would not have failed.

译文：假如给予他们更多的帮助，他们就不会失败了。

例 4：Tom didn't like sports programs. Nor did his wife.

译文：汤姆不喜欢体育节目，他妻子也不喜欢。

（二）修辞性倒装句的翻译

修辞性倒装句的目的是加强语气，或是避免头重脚轻，包括句首为表示地点的介词或介词短语的倒装、否定倒装、让步倒装、only 位于句首引起的倒装、为了叙述方便或使情景描写更加生动形象而引起的倒装等。这类倒装根据需要，可采用正常语序或倒装语序。

例 1：Little do we suspect that the region is rich in water resources.

译文：这一地区水利资源丰富，我们对此深信不疑。（正常语序）

例 2：Talent，Mr. Robert has；capital，Mr. Robert has not.

译文：说到才能，罗伯特先生是有的；谈到资本，他却没有。（倒装语序）

例 3：Tired as he was，my brother went on working.

译文：虽然累了，我哥哥仍然坚持工作。（正常语序）

例 4：Most information we get from him.

译文：大部分消息我们是从他那里得来的。（倒装语序）

四、分词短语和分词独立结构句

分词短语可分为现在分词短语和过去分词短语。一般说来，分词短语的翻译并不难，可根据它们在句中所充当的成分而译成汉语中相应的成分，这里主要探讨分词短语作状语时的翻译。分词短语作状语可表时间、原因、方式、结果、条件和伴随状况等逻辑关系。翻译的关键就在于要准确理解分词短语与句子谓语动词之间的逻辑关系，然后在译文中补充表相应逻辑关系的词语。

例 1：Not knowing the language，he didn't know how to ask the way.

译文：他因为不懂语言，不知道怎样问路。（表原因）

例 2：The hunter fired，killing a fox.

译文：猎人开枪打死了一只狐狸。（表结果）

例 3：Shouting loudly，the children ran to the zoo.

译文：孩子们大声喊叫着朝动物园跑去。（表伴随）

例 4：Having more money，I could afford to buy the house.

译文：如果有更多的钱，我就能买下这座房子了。（表条件）

例 5：Being a metal，mercury is not a solid.

译文：汞虽是金属，但不是固体。（表让步）

例 6：Coming out to the street，I felt a bit cold.

译文：来到大街上之后，我感到有点冷。（表时间）

当分词短语作状语，带有自己的逻辑主语时，这种结构称为独立结构。独立结构可表示时间、原因、条件或伴随状况等逻辑关系。分词独立结构句的翻译关键在于弄清楚独立结构表什么关系，然后在译文中补充表相应逻辑关系的词语。

例 7：Weather permitting，we will have the match.

译文：如果天气允许，我们就举行比赛。（表条件）

例 8：Her leg wounded，Ellen could do nothing but stay at home.

译文：腿受伤了，埃伦只好待在家里。（表结果）

五、并列结构句

汉语的动词没有形态变化，所以从表面形式上看并列的结构较多。英语动词可以呈现不同的形态（如动词原型、动词不定式、分词）。此外，在汉译英中常出现词性转换的情况。例如汉语动词可转为英语名词、介词等。因此，在英译的过程中，汉语的并列结构常转为不并列的结构，失去原汉语的平衡美感。有时译者应有意识地保持英译文中词汇形态的一致性和结构的平衡性。如出现形态不一致，可以改变英译文中词汇的词性、词形，甚至增补语义不明显的词汇，以求形态一致。

当然，有时汉语句型结构也会比较随意，翻译时如发现汉语语义上并列，但结构上未处于并列关系，这时译者应调整词序，使它们处在相应的结构上，这样可增强译文的平衡感和可读性。

（一）把汉语并列结构译成英语并列结构

例如：现在，我们发展社会主义市场经济，与马克思主义创始人当时所面对和研究的情况有很大不同。

译文 1：At present, we are putting in place a socialist market economy. But the conditions we are faced with are quite different from those the founders of Marxism were faced with and studied.

译文 2：At present, we are putting in place a socialist market economy. But the conditions we are faced with are quite different from those the founders of Marxism faced and studied.

通常认为第二种译法质量较好，该译文用主动的 face，既与 study 平衡并列，又避免了与前面的 are faced with 重复。

（二）把汉语非并列结构译成英语并列结构

例如：鼓励、支持和规范社会力量办学、中外合作办学。

译文：The government will encourage, support and standardize school management by non-governmental sectors or by Chinese-foreign cooperation.

"社会力量"是具体名词，"中外合作"是抽象名词，如果译成 by non-governmental sectors or by Chinese-foreign cooperation，未取得平衡，因为 sectors 是具体名词，而 cooperation 却是抽象名词。如把 cooperation 换成 undertakings，这一问题便可以解决。

六、被动句

语态是用来说明主语和谓语关系的一种动词形式，可分为主动语态和被动语态两种。主动与被动，虽是人类认识客观世界的两种不同的角度，但表达了同一个事实。两者在意义上的差别就在于：主动语态表示主语是谓语动词动作的执行者，叙述强调的是动作；被动语态表示主语是谓语动词动作的承受者，叙述强调的是动作完成后所呈现出来的状态。

主动与被动表现形式的差异主要取决于语言自身的特点，但同时也与一个民族的文化和思维方式有关。中国文化的最高境界是"天人合一"，中国的传统哲学注重物我合一，强调思维上的整体观。在"物"与"人"的关系上，是“万物与我为一”，也就是说，在人和万物之间的和谐统一的关系中，人要起主导作用，体现了人思维模式中的主体意识。这种主体意识导致了人们认为行为和动作一定是“人”这个主体才能进行和完成的，于是汉语中许多时候，不管是主动意义还是被动意义，句子多用主动句来表示。西方哲学的“人为万物尺度”讲究物我分明，主客体对立。所以在西方人的思维中，该强调物时，就是客体意识；该强调人时，就是主体意识。体现在主动和被动的使用上，该强调“人”，即动作的执行者时，就用主动句；该强调“物”，即动作的对象时，就用被动句。

英语语言是形合语言，具有丰富的形态变化，特别是动词。英语的被动句通过被动语态来表达，它由“be+动词的过去分词”构成，是显性的。汉语是意合语言，基本上没有形态变化，动词本身基本上也不具备被动语态，所以汉语被动含义的表达缺乏形态形式标志，是隐性的，是依靠其他的手段来实现的。

（一）英语被动句的翻译

1. 译为汉语带形式标志的被动句

英语的被动句如果表示的是不幸或不愉快的事，而且句中带有施事者，可以将其译为汉语的被动句，而用“被”“给”“让”“叫”“由”“为……所”等词引出动作的执行者。英语的被动句也有不表示不幸或不愉快的事情，但句中有动词不定式、名词、形容词等表示主语的补足语，也可译为汉语的被动句。

例 1：A young man was shot yesterday by a man in a stocking mask.

译文：一位年轻男子昨天被一名蒙面男子枪杀。

例 2：The young woman was abandoned by her husband.

译文：这个青年妇女叫她丈夫给遗弃了。

例 3：The patient is being operated on by the doctor.

译文：病人正在由医生动手术。

2. 借助汉语的词汇手段来表示英语的被动句

例 1：Our foreign policy is supported by the people all over the world.

译文：我们的对外政策受到全世界人民的支持。

例 2：Poets are born，but orators are made.

译文：诗人是天生的，而演说家则是后天造就的。

例 3：Private enterprise and industry were permitted and encouraged.

译文：私人企业和工业得到了许可和鼓励。

3. 译为汉语的意义被动句

英汉两种语言中都有意义被动句，它们的形式是主动句，但从逻辑意义上分析，却是被动句。汉语中意义被动句比英语的意义被动句多很多，因此不少英语被动句可译成汉语的意义被动句。

例 1：Too many books have been written about the Second World War.

译文：关于第二次世界大战的书写得太多了。

例 2：His pride must be pinched.

译文：他这股傲气应该打下去。

例 3：On their domestic stations situation in the Middle East were dismissed briefly.

译文：在他们国内的广播中，中东形势只简单报道了一下。

4. 状语译为主语，原主语译为宾语的被动句

当被动句中有介词 by 引起的状语时，可将这种状语译成汉语的主语，而将原主语译为宾语。

例 1：The result of the invention of the steam engine was that human power was replaced by mechanical power.

译文：蒸汽机发明的结果是，机械力代替了人力。

例 2：By the end of the war 800 people had been saved by the organization.

译文：大战结束时，这个组织救了 800 人。

5. 译为汉语的泛指人称句

通过增加泛称主语如“人家”“大家”“别人”“有人”“人们”等，将英语被动句，尤其是“It is+Ved that”句型译为泛指人称句。

例 1：They were seen repairing the machine.

译文：有人看见他们在修理机器。

例 2：I did not recognize him until he was pointed out to me.

译文：我起先认不出他，后来等到别人指出才知道。

例 3：They were said to be building another bridge over the river.

译文：有人说他们正在这条河上建另一座桥。

6. 译为汉语的无主句

例 1：These instruments must be handled with great care.

译文：必须小心操作这些仪器。

例 2：Attention has been paid to the new measures to prevent corrosion.

译文：已经注意到采取防腐新措施。

例 3：lt must be pointed out that China is a developing country and will never be superpower.

译文：必须注意到的是，中国是一个发展中国家，永远不会称霸世界。

（二）汉语句子向英语被动句的转换

1. 将一些表示情感变化的主动句译为英语的被动句

汉语中表达由客观环境造成的处境、感受和情感上的变化，句子常用主动。而英语在表达这类情绪时，常用被动。

例 1：敌军官听说后路已被切断，吓得目瞪口呆。

译文：The enemy officer was stunned by the news that the route of retreat had been cut off.

例 2：知识分子的问题就是在这样的基础上提出来的。

译文：On such a basis has the question of the intellectuals been raised.

例 3：这件事感动了上帝，他就派了两个神仙下凡，把两座山背走了。

译文：God was moved by this, and he sent down two angels, who carried the mountains away on their backs.

2. 将一些汉语中的话题评说句译为英语的被动句

汉语中有一些话题评说句，其话题在语义上是受事，这类句子可以译为英语被动句。汉语中还有一些存现句，也可以译为英语的被动句。

例 1：国际争端应在此基础上予以解决，而不诉诸武力和武力威胁。

译文：International disputes should be settled on this basis, without resorting to the use of or threat of force.

例 2：城市改革的基本政策，一定要长期保持稳定。

译文：The basic policies for urban and rural reform must be kept stable for a longtime to come.

3. 将汉语中的一些意义被动句译为英语的被动句

例 1：这酒口感不错，与价格相称。

译文：This wine drinks well for its price.

例 2：那不行！前天董事会已经派定了用场。

译文：Nothing doing there，I'm afraid. All the money was allocated to various uses at the board meeting the day before yesterday.

4. 将汉语中的无主句和泛指人称句译为英语的被动句

无主句是汉语中经常使用的句型。这类句子通常省略主语或隐含主语，处理这类句子最常用的方法就是将其译为被动句。泛指人称句指句中的主语是“大家”“人家”“有人”“他们”等的句子，这类句子主语所指不确定，其重要性不及宾语。因此，常将这类句子也译为被动句。

第二节　从句的翻译技能

和汉语相比，英语书面语中的简单句是比较少的。用英语表达时，习惯把较为零散的思想，依据语法结构，构建成比较复杂的句子，从而出现了几乎可以起任何语法作用的从句。因此在翻译句子，尤其是长句时，必须首先理解从句之间的关系和它们翻译时应处的位置，才能使整个句子通顺流畅。根据从句的作用进行分类，主要包括名词性从句、定语从句、状语从句。

一、名词性从句的翻译技能

（一）主语从句的翻译技能

主语从句是指在主句中充当主语成分的句子。主语从句主要有两种形式：一种是从句位于主句主语的位置上，即主语从句+谓语+其他成分；另一种是以 it 为先行词作形式主语，真正的主语从句在主句的谓语之后，即 it+谓语+主语从句。①

① 陈晓军，黄丹. 翻译［M］. 长春：吉林大学出版社，2012：72-91.

1．“主语从句+谓语+其他成分”结构

汉译时，这种情况往往采用顺译法，即把主语从句译在句首。

例1：What we call “air” is a mixture of several different gases.

译文：我们称之为“空气”的东西是数种气体的混合物。

例2：How close it will be to zero depends upon the torque constant of the servomotor.

译文：如何使之接近零取决于伺服电动机的转矩系数。

例3：That heat flows from a hotter to a cooler body is a process of energy transfer tending toequalize temperature.

译文：热从高温物体流向低温物体是一个能量传递过程，它使温度趋于平衡。

2．“it+谓语+主语从句”结构

以it作形式主语所引出的真正的主语从句，翻译时也可以采取两种方法：顺译法和倒译法。

所谓顺译法，就是按照原文中句子的词序翻译，即先译主句（通常译成无人称句，it不需要译出来，或增译“人们”“我们”“有人”等词语），然后再译主语从句。

例1：It is certain that most engineering materials are partly elastic and partly plastic.

译文：可以肯定，大多数工程材料有几分塑性也有几分弹性。

例2：It is obvious that these techniques will be of greater value in cryogenic switching circuits.

译文：很显然，这种工艺对低温开关电路有较大的价值。

所谓的倒译法就是把真正的主语从句先译出，为了强调，it可以译出来，如果不需要强调，it也可以不译出来。

例3：It is also important that coolant be equally distributed on both sides of the wheel.

译文：让冷却液均匀地分布在车轮两侧，这一点也很重要。

例4：It does not matter whether we use ball bearings or plain bearing.

译文：是采用滚珠轴承还是普通轴承，这都无关紧要。

（二）宾语从句的翻译技能

在主句中作宾语成分的句子叫作宾语从句。英语的宾语从句有两种，一是动词后的宾语从句（包括不定式、分词、动名词后的宾语从句）；二是介词后的宾语从句。翻译宾语从句，无论是动词宾语从句还是介词宾语从句，大都采用顺译法，即照原文顺序翻译。

1. 动词宾语从句

例 1：Studies by Steward and associates have shown that coconut milk and other liquid endosperms contain a number of different chemical substances.

译文：斯特伍德和他的同事的研究表明椰乳和其他液体胚乳包含许多不同的化学物质。

例 2：It is often necessary to know how much current is flowing in a circuit and at what voltage.

译文：有必要知道线路中流过的电流有多大，电压有多高。

2. 介词宾语从句

例 1：Waveguide pipes predominated in the transmission technology，even in where powerlevels were relatively low.

译文：波导管在传输技术领域占主导地位，即使在那些电力水平相对较低的领域也是如此。

例 2：The heating produced does not depend on which way current is flowing.

译文：所生产的加热作用与电流向哪个方向流动无关。

例 3：Turning electric energy into the energy of motion is only part of what the electromagnetdoes for us.

译文：把电能转换成动能只是我们利用电磁铁的一个方面。

（三）表语从句的翻译技能

在句子中充当表语成分的句子叫作表语从句。翻译表语从句一般都可以按原文顺序翻译，即先译主句，后译从句，多采用“是”的句式，但也可以灵活处理。

例 1：This（the inside of the ring）is where the atoms have been “shocked” by collisionswith rapidly moving particles flung out from the object in the center.

译文：内缘周围正是氢原子由于和中心处的天体所抛出的高速粒子相碰撞而受到“震动”的地方。

例 2：Perhaps the most common classification of material is whether the material is metallic ornon-metallic.

译文：也许，材料最常见的分类是根据它是金属还是非金属来进行的。

有时也可以先翻译后面的表语从句再译主语。

例 3：Part of the immune reaction against AIDS or any virus is that the lymph nodes enlarge.

译文：淋巴结肿大是对艾滋病或任一种病毒的免疫反应。

（四）同位语从句的翻译技能

同位语是用来进一步解释名词或代词的，同位语可以是单词、短语，也可以是从句。同位语从句一般由 that 引导，但也可以用连接代词 what、which、who，连接副词 when、where、why、how 或 whether、if 引导。同位语从句的译法主要有以下几种情况。

1. 译成独立句

有时可以把同位语从句译为一个独立的句子，这时其前可以增译“即”字，或采用冒号或破折号。较长的同位语从句汉译时常常采用此法。

例 1：Einstein came to the conclusion that the maximum speed possible in the universe is that of light.

译文：爱因斯坦得出这样的结论，即宇宙中的最大速度是光速。

例 2：We come to the conclusion that recognizable differences exist today between marine and non marine forms.

译文：我们所得出的结论是：在今天，海洋生物的形态和非海洋生物的形态之间存在着明显的差别。

例 3：The principle that gas can function while expanding has been applied to the steam engine.

译文：气体在膨胀时能做功，这一原理已应用于蒸汽机上。

2. 译成汉语的定语

尽管同位语从句不是定语从句，但有时其在意义上和形式上接近定语从句，故汉译时也常把同位语从句转译为定语。

例 1：The possibility that a circuit breaker may fail to perform its function, when instructed to do so, is higher than for protection and trip circuit.

译文：这样做以后，断路器失灵的可能性高于保护和跳闸回路失灵的可能性。

例 2：We all know the fact that all elements are made up of atoms.

译文：我们都知道元素都是由原子组成的这一事实。

3. 译成主谓结构短语

有时同位语说明的名词常常含有动作意义，如 suggestion、assumption、doubt、hope 等。由于这样的名词在汉译时常常被转译成汉语的动词，故同位语从句往往随之被译为汉语的主谓结构的短语（类似宾语从句）。

例 1：The assumption is made that the cylinder is a perfect nonconductor of heat.

译文：假定汽缸是一种完全的非导热体。

例 2：Quite apparent is the fact that most laser beams are exceedingly directions, or highly collimated.

译文：非常明显的是，大多数激光光束有良好的方向性，或者说，具有高度的准确性。

4. 译成状语从句

名词 fact 可与某些特定的介词连用，后接的 that 引导的同位语从句经常可以译为表示原因或让步的状语从句，这时可以把“介词+fact+that”结构看作是复合的从属连词。

例 1：In spite of the fact that there is no chemical union between oxygen and hydrogen, the composition of air is extraordinarily constant.

译文：虽然空气中所含的氧和氢之间没有化学上的结合，但其比例却异常稳定。

例 2：In consequence of the fact that molecules have perfect elasticity, they undergo no lossof energy after a collision.

译文：由于分子具有完全的弹性，因此分子碰撞后并没有能量损失。

二、定语从句的翻译技能

定语从句在英语中出现的频率较高，具有较强的表现力，应用十分广泛，因此对其正确理解和翻译十分重要。但是我们有时往往局限于字面，以为定语从句必定是表达定语的内容。其实不然，除了表示修饰、限制、确定作用以外，定语从句还有许多其他的表意功能，比如起补充说明、分层叙述等作用或表示原因、目的、结果等。定语从句就其与先行词的关系分为限制性定语从句和非限制性定语从句。因此英语定语从句的译法主要涉及限制性和非限制性定语从句的译法。

（一）限制性定语从句的翻译技能

限制性定语从句和它的先行词的所指意义有着不可分割的联系，少了它，作为先行词的名词（词组）便不能明确表示其所指对象，根据汉语的表达习惯及对原文的忠实度，翻译这类定语从句可以采用以下几种方法。

1. 合译法

合译法是指把定语从句译成带“的”的定语词组，放在被修饰词的前面，从而将复合句译成汉语单句。合译法一般适用于结构比较简单或具有描写性的限制性定语从句。

2. 分译法

如果限制性定语从句结构较为复杂，译成前置的定语短语显得太长而不符合汉语表达习惯时，从句一般与主句分译，往往可以译成后置的并列分句，也可以依据上下文译成前置的并列分句。

3. 融合法

当定语部分所给信息与被修饰词关系紧密、必不可少时，可将原来的语序打乱，用自己的话将原句中的主句与定语从句重新组织，译成一个独立的句子。

（二）非限制性定语从句的翻译技能

非限制性定语从句同其先行词之间的联系是松散的，它不是先行词的必不可少的组成部分，而仅是对先行词做些描写或补充说明。非限制性定语从句前常有逗号将其与主语分开。非限制性定语从句也主要是采用前面已说过的分译法和融合法来译。它常常被译为并列分句、独立句和状语从句，偶尔还可译为定语词组等。

三、状语从句的翻译技能

英语状语从句包括时间、地点、原因、条件、让步、方式、比较、目的和结果等九种。英语状语从句用在主句后面的较多，而汉语中状语从句一般放在主句前面。因此，翻译时应注意调整顺序。

（一）时间状语从句的翻译技能

时间状语从句一般译作“当……的时候”“一……就”“在……以后”“直到……”等。其位置一般可在句首。

例 1：When I was walking down the street，I noticed a police car in front of No. 37.

译文：当我沿着街道往前走的时候，发现 37 号门前停着一辆警车。

例 2：As the bus passed through New Jersey，they began to notice Vingo.

译文：当公共汽车驶过新泽西时，他们开始注意到了文戈。

例 3：I was about to speak，when Mr. Smith cut in.

译文：我正想讲，斯密斯先生就插嘴了。

（二）原因状语从句的翻译技能

1. 译成表“因”的分句

翻译原因状语从句的时候，可考虑连接词使用的多样性，不要一味翻译成“因为……所以……”。比如可翻译成“由于”“既然”“原因是……”等等。

例 1：Since no one is against it，we'll adopt the proposal.

译文：既然没有人反对，这个议案我们就通过了。

例 2：Because we are both prepared to proceed on the basis of equality and mutual respect，we meet at a moment when we can make peaceful cooperation a reality.

译文：由于我们双方都准备在平等互尊的基础上行事，我们在这个时刻会晤就能够使和平合作成为现实。

2. 译为因果偏正复句中的主句

例如：Because he was convinced of the accuracy of this fact，he stuck to his opinion.

译文：他深信这件事正确可靠，因此坚持己见。

（三）条件状语从句的翻译技能

翻译条件状语从句的时候，多用“如果……那么……”来表达条件和结果的关系。不过也不能总是如此，有的时候也可考虑运用其他连接词，甚至可以考虑采取意合的方法，干脆不使用连接词。

例1：Don't be afraid to ask for clarification of something that has been said during the interview if you want to be sure what was implied, but do be polite.

译文：面试期间，如果想确知对方谈话的意思，就要敢于请求对方讲明，但一定要有礼貌。

例2：It is very important to remember what you said and what you want if you have applied for many jobs in a short time as it is easy to confuse.

译文：如果你短时间内申请好几份工作，那么记清楚你说过的话和要求的条件非常重要，因为这些容易搞混。

（四）让步状语从句的翻译技能

汉语中让步关系的表达多使用“尽管……但是……”一类的连接词。

例1：Poor speaker of English though I was at the time, I still managed to make myself understood.

译文：尽管当时我的英语说得不好，我还是让他们听懂了我的意思。

例2：Animals, although they need some inorganic food, cannot live on it alone.

译文：尽管动物需要无机物的营养，但是却不能单独以此维持生命。

（五）目的状语从句的翻译技能

表示目的关系的汉语连接词常用的有：“为了”“为……”“好……”等。

例1：They climbed higher that they might have a better view.

译文：他们又爬高了一些，好看得仔细一点。

例2：He pushed open the door gently and stole out of the room for fear that he should awake her.

译文：为了不惊醒她，他轻轻推开房门，悄悄溜了出去。

（六）方式状语从句的翻译技能

汉语中表达方式的常用连接词有“像”“如”等。

例 1：I have changed it as you suggest.

译文：我已按照你的建议做了修改。

例 2：Air is to man as water is to fish.

译文：空气对于人，犹如水之于鱼。

（七）结果状语从句的翻译技能

和一般人把“so... that...”一贯翻译成“如此……以至于……”的现象相反，在地道的汉语中，表示结果的分句往往不使用连接词。

例 1：The professor speaks so fast that we find it difficult to follow him.

译文：这位教授说话太快，我们感到很难理解他的意思。

例 2：He speaks quickly，the tone of his voice so arresting that it sobers everyone.

译文：他很快地讲下去，语调十分引人注意，大家都安静地听着。

（八）比较状语从句的翻译技能

和英语一样，要表示比较的关系，汉语一般也需要固定的连接词。如“比”“比较”“较”等。

例 1：The project was completed earlier than we had expected.

译文：这项工程完成得比我们预计得早。

例 2：You are a little heavier than when I saw you last.

译文：你比我上次见到你时胖了一点。

（九）地点状语从句的翻译技能

按照汉语的习惯，地点一般放在句子中比较靠前的地方，而英语中的状语从句很多都在靠后的位置，翻译的时候一定要注意做必要的调整。

例 1：Make a mark where you have any doubts or questions.

译文：在有疑问的地方做一个记号。

例 2：Wherever we go，we must build up good relationship with people.

译文：无论我们走到哪里，都要和人们建立良好的关系。

第三节　简单句的翻译技能

一、一般简单句的翻译技能

在英译汉的过程中，绝大多数的简单句可按原文结构形式译出，即采用直译的方法。但我们经常读到这样的句子，其中的主语、谓语、宾语、定语或状语有一定的修饰语，内容也很丰富，有时表达了一个分句的内容。对这样的简单句则要采用拆译的办法，拆译成相关的分句，整个简单句就译成偏正复句了，这样的译文能更好地表达原文的意思，逻辑关系更为严密。①

（一）成分的拆译

英语中有些句子的成分如主语、谓语或宾语等带有定语、状语等修饰成分，这样能包含更多内容和一定逻辑关系。翻译时，要拆出来，译成一个分句，以利于整句的意义表达。这就是成分的拆译。

1. 定语的拆译

英语中的定语一般用来修饰名词或名词性短语（亦为句中的主语或宾语），起限制或修饰作用。但有时也为被修饰部分提供相关的背景知识或补充信息，这时的定语就表达了丰富的语义内容和逻辑关系。这些定语有必要从原来的位置上拆出来，译为一个分句，与被修饰部分（如主语、宾语等）一起，形成一定关系的汉语复句。

例 1：The little chap's good-natured honest face won his way for him.

译文：这小伙子看上去老实，脾气也好，到处有人缘。

例 2：A naive projection of their past growth rates into the future was likely to greatly overstate their real prospects.

译文：若以过去的增长来预测未来，会显得考虑欠周，因为那种预测会

① 安玉青，李丽辉，徐梅玲．语言学与英语翻译研究［M］．北京：光明日报出版社，2016：264-279.

严重夸大未来的实际增长。

例 1 是简单句，由于其中的主语（名词）有定语，为主语或整句提供了丰富的信息。定语 The little chap's good-natured honest 至少包含了这几方面的内容：小伙子、好性格和诚实，用来修饰主语 face，但同时为句子的其他部分（谓语和宾语）提供了理由。由此来看，主语部分实际上为原因，可以译成一个分句，表示原因，而谓语和宾语则为结果。例 2 中的形容词 naive 拆出来，译成一个分句“考虑欠周”，能更好地表达本句的真实意义。

2. 状语的拆译

英语中，通常用副词、分词短语、介词短语、独立主格结构等作状语，修饰谓语动词或主句的某一部分，为其提供原因、结果、伴随、背景等方面的信息。翻译时，可把它们拆出，译成状语从句。

（1）副词的拆译

例如：Bryant Gumbel is sometimes favorably compared with Ted Koppel.

译文：人们有时把布莱恩·刚贝尔和特德·考波尔相比，认为布莱恩·刚贝尔更好。

上面例句中的 favorably 为状语，抽出来译成分句，效果更好。

（2）介词短语的拆译

例 1：It was a town of sighs and silences, with none of the studied advertisements of sorrow.

译文：全城一片叹息，一片沉默，但是谁也没有故意流露悲痛的神情。

例 2：But he only glared down on them in silence.

译文：但是他一言不发，对他们只是怒目而视。

这样的介词短语为句子的中心谓语部分提供了不少消息，拆译成汉语的分句，表达出相应的关系。如直接插入其间，译文会很别扭。

（3）独立主格结构

这一结构表现为有自己逻辑上的主语或宾语等重要成分，表达了相对独立的意义，用来修饰主句。所以在翻译时，很自然地译成相应的状语从句。

例 1：She was waiting for us, her figure defined by the light from the half-opened door.

译文：她在那里等着我们，通过半掩的门中射出的灯光，可以看出她的体形。

例 2：　“Well，I got there ！” he announced fiercely，his blue eyes still flaring，and his sturdy long legs straddling apart.

译文：“好了，我达到目的了！” 他恶狠狠地说，蓝眼睛闪着光，结实的长腿叉开站着。

例 3：The temperature reaching 100℃，the water boils.

译文：温度达到 100 摄氏度，水就沸腾。

例 1 和例 2 中的独立主格结构起伴随作用，说明主句；例 3 则为时间状语。要注意分析独立主格结构。

另外，有时候在这种独立主格结构的前面加一个介词 with（否定式则为 without），这样就形成了 with 的复合结构，但所起的作用与独立主格结构基本相同。如把介词去掉，就成了独立主格结构。

例 4：Without dust particles existing in the atmosphere，observations would be done more accurately.

译文：如果大气中没有尘埃，观察会更加精确。

（二）改变成分译出

1. 改译主语

根据原文句子的用词特点、意义和逻辑关系等，把主语改译成其他成分，能更好地表达原文的意思。

例 1：Several decades after the introduction of television into American society，a period that has seen the medium become so deeply ingrained in American life that in at least one state the television set has attained the rank of a leg necessity.

译文：电视进入美国社会的几十年里，人们发现这一媒体在美国人的生活中不可或缺，以至于至少有一个州把电视机列入受法律保护的必需品。

例 2：A short introduction to binary arithmetic follows.

译文：下文将简要介绍二进制。

例 3：My suggestion is that he should quit smoking at once.

译文：我建议他立即戒烟。

在汉语中，表示时间概念的语言大多为状语，所以有必要把例 1 中的主语改译为表示时间概念的状语；而例 2 和例 3 的主语都是动名词，但有各自逻辑上的主语或宾语。翻译时，大多转译为谓语动词。

2. 改译谓语

可把谓语改译为主语、状语或定语。请留意谓语动词的翻译。

例 1：Seawater contains about 3.5 percent salt.

译文：海水中盐的含量约为 3.5%。

例 2：He objected that the plan is not practical.

译文：他反对的理由是这个计划不现实。

3. 改译宾语

把宾语改译为主语或谓语。

例 1：Cast iron contains a larger proportion of carbon than steel.

译文：铸钢的含碳率比钢要高。

例 2：Bassett keeps a bigger reserve than I do.

译文：巴西特留下的比我多。

4. 改译定语

把定语译为状语或谓语的情况也很常见，

例如：Occasionally a drizzle came down, and the intermittent flashes of lightning made us turn apprehensive glances toward zero.

译文：偶尔下一点毛毛雨，断断续续的闪电使得我们不时忧虑地朝着零区方向望去。

5. 改译状语和表语

根据句子的需要，有时可把英语的状语译成汉语的主语，把英语的表语译成汉语的谓语。

例 1：In size and appearance Mercury is very much like our moon.

译文：水星的大小和外观很像月亮。

例 2：We all are against this arrangement.

译文：我们都反对这一安排。

例 3：He lived in the racing event, and the small boy lived with him.

译文：赛马就是他的命，而这个小男孩天天和他在一起。

二、特殊简单句的翻译技能

（一）句型简要分析

在英语中，尤其是在科技英语文献中，我们经常能读到 SVO 或 SV 简单句，其外表与一般的简单句没有什么区别，但仔细分析，就能发现其特殊性，主要表现在其主语、宾语以及谓语上。

第一，主语或宾语主要由名词化结构（就是由动词或形容词转化而来的名词短语）来充当。从深层结构来分析，这样的名词化结构实际上包含了一个分句的内容，因为它们都带有自己逻辑上的成分。当这种简单句的主语和宾语都是名词化时，实际上包含了两个句子所表达的内容。这样的句型简洁、精练，信息高度浓缩，逻辑关系紧密，表达精密。由此可见，句中的主语或宾语不再是传统意义上的了，表达的意义不再"简单"了，因而在此叫作"特殊简单句"。

第二，谓语动词有其特殊作用。由于主语和宾语的特殊性，谓语动词本身的词汇意义分量很轻，而主要起桥梁作用，连接内容丰富的主语和宾语。在这样的简单句中，常用的谓语动词或谓语动词短语主要有：make、cause、provide、involve、define、give、establish、show、depend on、result from、lie in、lead to、result in 等，它们大多数为使役动词。最后，SVO 句中的主语和宾语或其中之一为名词化结构，谓语动词特殊的，句子一般包含某种逻辑关系，以因果和条件等为主。

（二）特殊简单句的翻译技能

由于句中使用了这样特殊的结构和谓语，句子所包含的意义和逻辑关系变得复杂，以因果、条件、方式等为主，相当于汉语的意合句。在翻译时，要通过调整句子结构，增加表示相应逻辑关系的连词，译成形合句，通常可翻译成以下几种句型：

1. 译成因果关系句

例 1：But the fortuitous success and growth of the Internet has severely strained the functional limits of the Internet protocol as well as the underlying router networks.

译文：但是，由于因特网的偶然成功和成长，从而使网际协议和底层路由器网络的功能达到了极限。

例 2：The rapid advances in computer technology provided the impetus for a general reappraisal of machine translation and methods.

译文：计算机技术的迅速发展，促使了重新评价机械转换系统及方法。

例 3：The data explosion fortifies those seeking excuses for inaction-another report to be read，another authority to be consulted.

译文：数据激增，那些不作为的人有了更多借口，如还有一份报告要读，还有一位领导要请示。

上面三个例子中的主语或宾语含有名词化结构，可分别扩展成一个分句。例 1 中的 But the fortuitous success and growth of the Internet 可扩展为：But the Internet has fortuitously succeeded and grown；宾语 the functional limits of the Internet protocol as well as the underlying router networks 可扩展为：The Internet protocol as well as the underlying router networks has been functionally limited。例 2 中的 The rapid advances in computer technology 可扩展为：The computer technology has rapidly advanced。例 3 中的 The data explosion 可扩展为：The data has exploded。这三个句子的主语和宾语部分分别由 strained、provided 和 fortifies 连接，构成因果关系。

2. 译成条件状语从句

例 1：Seismic measurement of travel time and amplitude define the subsurface geometry and give estimates of the acoustics impedance related to rock velocities and densities.

译文：测得地震波的走时和振幅，就能确定地层的几何形态，并能估算出与运动速度和岩石密度有关的声阻抗。

例 2：A brief discussion of each processor subsystem will resolve additional details.

译文：只要简单讨论处理器子系统，就可以解决其他细节问题。

例 3：Integrating the user interface at the operating system level could eliminate many problems for application software developer.

译文：把用户界面集成到操作系统，能够为应用软件开发人员解决许多问题。

这些句子的主语也由名词化结构充当，同样可以扩展为一个分句：例 1

的主语可展开为：of travel time and amplitude is seismically measured，而 give 的宾语则可展开为：The acoustics impedance related to rock velocities and densities will be estimated。例 2 的主语可展开为：If each processor subsystem is briefly discussed。例 3 的主语可扩展为：of the user interface at the operating system level is integrated。这些主语分别由谓语动词 define、give、resolve 和 eliminate 与各自的宾语形成条件结果关系。

3. 译成方式状语从句或时间状语从句

英语中经常能发现用时间短语作主语的情况，有时也用表示方式的名词化结构作主语。这时可译成汉语的方式状语。

例 1：These studies are steadily improving and extending our knowledge of the very individual meteorology of Mars.

译文：通过这些研究，不断加深和扩大我们对火星气象学的了解。

例 2：1959 saw the first appearance of a real flying ship in the world.

译文：1959 年，世界上第一次出现了真正的飞船。

三、多个简单句的合译

英语中，我们经常发现两个（有时是三个或以上）完整的简单句相连在一起。尽管它们之间常用句号或分号隔开，或用 and 连接，但仔细阅读，便可发现这样相连几个句子的语义关联，句间存在一定逻辑关系。这就类似汉语的意合结构。翻译时，要合起来，把几个简单句合译成汉语的偏正复句，其间加上相关的关联词，使其内含的逻辑关系和确切意义表现在译文中。

（一）两个简单句的合译

1. 译成因果句

一般来说，第一句为原因，第二句为结果。

例 1：The operation could not be launched before January，after my departure，and my own conclusions on the matter were not decisive.

译文：这个行动不可能在 1 月以前，即我离任以前实行，所以我个人对这个问题的论断并不起决定性作用。

例 2：The meaning of the sentence is quite ambiguous and may be mistaken by the reader.

译文：这个句子的含义很不明确，读者可能因此而产生误解。

2. 译成条件句

译成条件句的情况主要发生在祈使句加一般陈述句的两个分句里，前面为条件，后面为导致的结果。

例如：Put an egg into a glass of fresh water. The egg will sink to the bottom of the glass.

译文：如果把一颗鸡蛋放入一杯淡水中，鸡蛋就会沉到杯底。

3. 译成转折句

如果两个简单句中存在转折关系，我们就要认真分析其中的意义了。

例 1：Certain insects live their entire adult life in a day or less. In their immature form such insects may live a total of one to three years.

译文：某些昆虫的成熟期仅一天或不到一天，但幼虫期却可长达一至三年。

例 2：Goodman Brown cried out，and his cry was lost to his own ear by its unison with the cry of the desert.

译文：古德曼·布朗大吼一声，可是他却听不见自己的叫喊，因为他的声音和荒野的呼唤融合在一起了。

4. 译成并列句

例 1：Work，sleep and eating are the great trinity of 1997，and only the first two are guaranteed.

译文：在 1997 年，工作、睡觉和吃饭三位一体，只有前两项能得到保证。

例 2：At first she took it for a man. It could have been a man dancing in the field.

译文：起先她以为这是个男人，可能是一个在田里跳舞的男人。

（二）多个简单句的合译

由于多个句子的组合，句间的层次感、逻辑性更强，因此构成一个各种关系更为复杂的句子。这样的英语句子有较强的节奏感、层次感和逻辑关系。而这些都隐含于句中，不属于英语的形合句，更像汉语式的意合句。在翻译时，我们可采用英语中典型的形合句式译成一个长句，可增加相应的连词，以便能更好地表达各自间的逻辑关系。

例 1：Darkness fell. An explosion shook the earth. It did not shake his will to go to the front.

译文：夜幕降临时，一声爆炸震动了大地，可并没动摇他上前线的决心。

例 2：Words are many and various they are subtle and delicate in their different shades of meaning，and it is not easy to find the ones that express precisely what we want to say.

译文：（英语的）词汇十分丰富，意义差异很微妙，所以要找到能准确表达自我的词语不容易。

例 3：The young man was very miserable. He had no money about him. All his saving had been stolen.

译文：这个年轻人很惨，已经到了身无分文的地步，因为他所有的积蓄被偷窃了。

例 1 中第一、二分句间存在时间顺序关系，第二、三分句间有转折关系。例 2 中第一、二分句为并列关系，而它们与最后分句的关系是因果关系。例 3 中第三个分句为原因，而前两个分句为结果。

当然，当我们发现两个或以上这样的简单句间有表示逻辑关系的连词时，就直接译成主从复句，但要把原文中的句号改为逗号。

例 4：Culture generally has been transformed by television. Therefore it is improper to assign to television the subsidiary role its many apologists（too often members of the television industry）insist it plays.

译文：总的来说，电视改变了文化，所以许多支持者（大多数为电视工业成员）认为电视仅起次要作用的看法是不合适的。

例 5：Probably hydrogen can never be made into a metal. But scientists are considering the possibility.

译文：也许氢永远不能变成金属，但科学家们却正在考虑这种可能性。

第四节　长难句的翻译技能

英语中，由于连词、冠词和介词等功能词的作用和非谓语动词及谓语动词等结构形式的存在，英语句子的修饰成分相当复杂，可以是单词、短语，也可以是从句，而且这些修饰成分还可以一个套一个地使用。再加上英汉句子语序上的差异，如定语和状语修饰语的位置差异、句子的逻辑安排差异等，就使得英语句子结构复杂，长句较多，有时一段可能只有一句话。对初学翻译的人来说，长句的确使人感到扑朔迷离，翻译起来无从下手。实际上，只要方法得当，长句的翻译并不难。

长句的翻译，关键在于理解分析。一般说来，对长句的理解分析可采用以下步骤：第一，通过语法分析，判断出句子是简单句、并列句，还是复合句。第二，具体分析句子结构成分。如果是简单句，找出句子的主干部分、定语和状语；如果是并列句，找出连接句子的并列连词，然后再具体分析各个并列分句的结构成分；如果是复合句，找出从属连词，分清主从句，然后再分别分析主从句各自的结构成分。通过层层分析，将长句化繁为简，化整为零。翻译时，采用适当的方法，将长句用符合译语表达习惯的语言表达出来。但在表达时，需要注意英汉语言的差异，采用不同的翻译方法，灵活处理原文的结构。

一、英语长句的翻译技能

（一）顺译法

有些英语长句所讲述的内容是按事件或动作发生的时间先后顺序或内在的逻辑关系排列的，与汉语的表达习惯基本一致。翻译时，一般可按原句的顺序译出。

（二）逆译法

英语中，有些句子的表达顺序与汉语的表达习惯不同，甚至相反，尤其是一些复合句，其主句一般放在句首，即重心在前，而汉语则一般按时间和逻辑顺序，将主要部分放在句尾，形成尾重心。对这些句子，翻译时宜采用逆译法，也就是从后向前译。

（三）分译法

英语句子重形合，汉语句子重意合，这是英汉两种语言句子结构的根本差异之一。英语句子的各种成分前后都可能有各种各样的修饰语，主从句之间有连接词，短语可以套短语，从句可以套从句，因而，英语句子长而复杂。汉语造句采用意合形式，少用或不用连接成分，叙事按时间或逻辑顺序安排，因而语段结构流散，语义层次分明。这就使得汉语中散句、松句、紧缩句、省略句或流水句较多，而长句较少。因此，英汉翻译时，往往需要根据意合的原则，改变原文的句子结构，化整为零，化繁为简，将原文译为并列的散句或分离的单句，以适应汉语的表达习惯，这就是分译法。分译法既适用于翻译单个的单词、短语，也适用于翻译简单句，还可以用来翻译长句或难句。

例1：The number of the young people in the United States who cannot read is incredible-about one in four.

译文：大约有四分之一的美国青年人没有阅读能力。这简直令人难以置信！（单词分译）

例2：The ancients tried unsuccessfully to explain how a rainbow is formed.

译文：古代人曾试图说明彩虹是怎样产生的，但没有成功。（单词分译）

例3：Bad weather prevented us from starting.

译文：天气太坏，我们无法动身。（短语分译）

（四）综合法

英语语言的表达习惯往往是将重点部分或概括部分放在句首，然后再分析叙述次要部分，而汉语则往往从小到大，按时间或逻辑顺序，层层推进，最后得出结论，突出主题。因而在英汉翻译过程中，使用前面所讲的几种方法的确可以解决很多问题。但实际上，英语中有很多长句，纯粹运用顺译法、逆译法或分译法，并不能解决实际问题。那么，在这种情况下，更多的是根据具体情况，并结合上下文，将这几种方法结合起来，或按时间的先后，或按逻辑顺序，顺逆结合、主次分明地对长句进行综合梳理，这种翻译方法称之为综合法。使用综合法，可以灵活变通长句语序，使译文的句法通顺自然，更符合汉语的表达习惯和中国人的思维方式。

例1：①People were afraid to leave their house，②for although the police had been ordered to stand by in case of emergency，③they were just as confused and helpless as anybody else.

译文：尽管警察已接到命令，要做好准备以应付紧急情况，但人们不敢出门，因为警察也和其他人一样不知所措和无能为力。

原文共三句，而译文将第二句拆分成两个分句，使其共为四句。从逻辑上看，②句表示让步，③句表示原因，而①句则表示结果。

下面再举一个例子，请分析综合法是如何运用的。

例 2：Rocket research has confirmed a strange fact which had already been suspected; there is a "high-temperature belt" in the atmosphere with its center roughly thirty miles above the ground.

译文：大气层中有一"高温带"，其中心距地面约 30 英里，对此人们早就有个猜想，利用火箭加以研究后，这一奇异的事实得到证实。

二、汉语长句的翻译技能

由于汉语语言的特点，句子常为"话题—述评"结构，也就是说，句子的表达，以"意尽"为界，没有语法形式的限制，句子的述评没有结束，句子可以一直延续下去，其间只用逗号分开，这样句子就显得较长。而英语句子则不能这样，因为英语句子是"主语—谓语"结构，不管对主语的说明有没有完，一个句子有了主谓就可以断掉。因此在翻译汉语长句时，应仔细分析汉语句子结构，弄清句中各层次间的逻辑关系，根据英语的表达习惯，选择适当的翻译方法。

汉语长句一般采取顺译、断句和合句这三种翻译方法来处理。

（一）顺译法

当汉英叙述层次一致时，可按原文顺序翻译，在需要的地方加上适当的连接词。

例 1：这种制度实行相当长时间的总结果，就是只有一小撮富裕的资本家千方百计（大多是不正当地）搜夺了大工业、银行、铁路和造船此等的支配权，而且也搜夺了大部分自然资源，如煤、石油、铁、铜和木材。

译文：The general result of this system's operation over a long Period is that relatively a handful of rich capitalists have, by hook or by crook (most crook), grabbed possession of big industries, banks, railroads and shipping lines, as well as most of the nation's natural resources, such as coal, oil, iron, copper and lumber.

例 2：不一会，北风小了，路上浮尘早已刮净，剩下一条洁白的大道来，车夫跑得更快了。

译文：Presently the wind dropped a little. By now the loose dust had all been blown away，heaving the roadway clean，and the rickshaw man quickened his pace.

（二）断句法

翻译汉语长句时，断句是最常用的一种方法。由于汉语长句多为复句，包含层次较多，逻辑复杂，翻译时可根据复句或句子间的逻辑关系，适当将句子分成几句来译，这样可以使结构利落，译文意思表达得更加清晰、明白，符合英语的表达习惯。

例 1：但他性情与人不同，不求名利，不交朋友，终日只是忙于自己的本职工作。

译文：He is，however，eccentric. He does not seek fame and gain，and does not like to make friends. Every day he is only engaged in his own job.

例 2：世界上一些国家发生问题，从根本上来说，都是因为经济上不去，没有饭吃，没有衣穿，没有房住，工资增长被通货膨胀抵消，生活水平下降。

译文：Basically，the root cause for social unrest in some countries lies in their failure to boost their economy. Consequently they lack food，clothing and shelter，and their wage increases are offset by inflation. With a decline in living standards.

（三）合句法

由于汉语语言缺少形态变化和足够的关系词，因而，汉语组句只能依靠时间顺序和逻辑顺序来安排，行文也就一句一句地发展下去。而英语句子呈现叠床架屋结构。如按汉语结构直译，那么译文就会成为一个一个简单的独立句，相互之间没有联系。这不符合英语句子的结构特征。因此翻译汉语时，不能看一句译一句，要对几个句子从意思上一起分析，根据英语句子结构灵活多样的优势，将逻辑上有关系的几个句子合起来处理，译成一句比较精练的英语句子。在汉语句子比较复杂，很难直译或破句时，常常采用合句手段来处理。

例 1：有个年轻人，名叫颜回，家里很穷，缺吃少穿，住的房子又小又破。

译文：There was a young man named Yan Hui, who was so poor that his family lived in a small, dilapidated house with insufficient food and clothing.

例 2：经过多年的努力，我们国家已能用仅占世界 7%的耕地，养活占世界 18%的人口，使 14 亿人民基本解决了温饱问题。

译文：Now it has solved the problem of food and clothing to a point where it has managed to feed its 1.4 billion people, 18 percent of the world's total population, with only 7 percent of the world's cultivated land.

第六章　语篇的翻译技能

第一节　英汉语篇的特点

一、英汉语篇的共同点

自然语言的语篇，无论是英语还是汉语，都具有以下共同点。

（一）语义的连贯性

“完整语义”的语篇必须是一个语义单位，应合乎语法，语义连贯，应有一个论题结构或逻辑结构，句子之间有一定的逻辑关系。语篇中的话段或句子都是在这一结构基础上组合起来的。一个语义连贯的语篇必须具有语篇特征，它所表达的是整体意义。语篇中的各个成分应是连贯的，而不是彼此无关的。

例如：①A：今天你上街去干什么？B：我上街去买衣服。②A：今天你上街去干什么？B：他父亲是个医生。③Fishing is Mark's favorite sport. She often waits for her sister for hours. But this is not my watch. ④Fishing is Mark's favorite sport. He often fishes for hours without catching anything. But this does not worry him.

例①中的一问一答从语义上看，是连贯的，因而具有语篇特征。例②中的B句答非所问，因而不具有语篇特征，不是语篇。例③中三个分句虽然语法正确，但它们之间缺乏语义连贯，无法形成表达一定意义的整体，也就无法形成语篇。例④中三个句子衔接连贯，构成语篇。

（二）衔接手段相同

衔接是将语句聚合在一起的语法及词汇手段的统称，是语篇表层的可见语言现象。从语篇的生成过程来看是组句成篇必不可少的条件，从业已生成的语篇来看是语篇的重要调整之一。在英汉两种语言中，语义的连贯都要靠种种衔接手段，即语篇组织。

（三）显性连贯和隐性连贯

连贯还可分为显性与隐性两种情况：显性是体现于词汇、语法、结构等语言表层形式的，隐性则有赖于语境和语用因素蕴含的连贯。衔接是连贯的外在形式，连贯是衔接的内在意义，两者统一（显性连贯）又不统一，即并非凡有衔接就是真正连贯的语篇，无衔接的也可能是真正连贯的语篇（隐性连贯）。总之，语义连贯是语篇的实质，种种有形的衔接是其组织形式。单有衔接而无连贯不是语篇，两者皆备是显性连贯，有连贯而无衔接是隐性连贯。这种情况英汉语概莫能外，但又并非彼此对应，即英语的显性连贯译成汉语可能是隐性连贯，反之亦然。

连贯的语篇是思维连贯性的语言表现，而思维的连贯性就是思维的逻辑性，这是人类理智的共同特征和功能，是人与人之间交流沟通、双语互译的根本保证。缺乏逻辑性或违背逻辑的任何语言符号既无意义，也产生不了真正的语言交际。因此，可以这样说，形成语篇的根本是逻辑，理解语篇的根本也是逻辑，一切语篇无不深藏着思维的逻辑。自然语言丰富多彩，种种语言变化无穷的语篇，之所以具有共性和相通性，关键就在于逻辑的普遍性，明确这一点乃是分析语篇、理解语篇的基础，也是英汉语篇对比的基础。也只有明确这一点，才会明白，语义相同的语篇，其衔接与连贯的不同只是语言形式上的，只有把握其内在逻辑的一致，才能保证语义内容的忠实传达。

（四）文体的多样性

自然语言的千差万别，可以归为文体、体裁、语体和风格的不同，包括口头与书面、正式与非正式、不同语域和区域性的语体分别，不同时代的文风差异，诗歌、散文、小说、论述、应用文等各具特色的体裁划分，因人而异的不同风格。文体多样性在英汉语言中同样存在，它们的分类也大体相同。

而各种分类都能在译语中找到相对应的形式。

二、英汉语篇的基本差异

英汉语篇的基本差异表现在内在的思维和外在的衔接与连贯两个方面，内外相互影响，又相互独立。但一般来说，思维层面的差异是决定性因素。

（一）英汉语分别呈现直线形与螺旋式的特征

这从根本上讲是中西方各自重综合与重分析的思维习惯的体现。所谓直线形，就是先表达出中心思想，然后由此展开，后面的意思都由前面的语句自然引出。英语长句“叠床架屋”式的结构最典型地表明了这种思维逻辑。

例如：But I would like to do the same with the acclaim too, by using this moment as a pinnacle from which I might be listened to by the young men and women already dedicated to the same anguish and travail among whom is already that one who will some day stand here where I am standing.

译文：对于人们给予我的赞扬，我也想做出同样的回报：借此国际学界的最高盛会，请业已献身于同样艰苦劳作的男女青年听我说几句话，因为在他们中间，将来站在我现在所站的讲台上的人已经产生了。

汉语的螺旋式是以“起、承、转、合”为典型的，它先宣称主题之重要，然后展开反复的论述，最后回归到主题并对它再三强调。其根本特征显然是重复，乃至不厌其烦地强调，即词语和结构的复现与叠加。简短的语篇也常见这种现象。英汉语篇思维逻辑的差异继而造成两种语言语篇衔接与连贯方式的不同。

（二）英语呈现形合特征而汉语呈现意合特征

形合和意合的区别就是语篇连贯的隐显不同。英语形合指英语必须含有体现词汇语法的显性衔接，也就是从语言形式上把词语和句子结合成语篇整体。而汉语的意合则无须借助词汇语法的衔接手段，仅靠词语和句子内涵意义的逻辑联系或靠各种语境和语用因素，便能构成连贯的语篇。因此，英汉互译时，便常见隐显不一的情况。

例如：When it came out in a newspaper interview that I said Nixon should resign, that he was a crook, oh dear, that fur flew.

译文：在一次记者采访时，我说了尼克松应该辞职，他是坏蛋的话。这一谈话在报纸上一披露，啊呀不得了啦，立刻就翻了天。

（三）客体意识和主体意识的差别

中国人讲究万物皆备于我，所以凡事凡物皆有很强的主体参与性，语言表现多以“人”为主语。西方因注重个体思维，重视理性的分析而执着于主客体分离和区别，所以一方面以“人”这个主体为主语，但另一方面更多地抱客观审视的态度，以事物为主语，对之进行客观、冷静的剖析和描述，这就造成了英汉语篇主语或重心的差异。

例如：It has been mentioned that Rebecca, soon after her arrival in Paris, took a very smart and leading position in the society of that capital, and was welcomed at some of the most distinguished houses of the restored French nobility.

译文：我曾经说过，瑞贝卡一到了巴黎，便出入上流社会，追逐时髦，出尽风头，连好些光复后的皇亲国戚都和她来往。

第二节 英汉语篇的衔接

衔接，或称词语连接，是指一段话中各个部分在语法或词汇方面有联系或两方面都有联系。这种联系可能存在于不同的句子之间，也可能存在于一个句子的几部分之间。衔接是语段、篇章的重要特征，由此区别一些互不连贯、杂乱无章的句子。衔接的优劣关系到话语题旨或信息是否被接受者理解和接受。英语和汉语的衔接手段有相同之处，但使用的频率和方式并不相同，有时是需要转换的。①

（一）英汉语言语法的衔接

语法连接指借助构造句子的语法手段，即标示词语之间结构关系的因素来实现语篇的衔接和连贯，这些因素可以是具有语法功能的词语，也可以是词语的特定语法形式，还可以是无特定词语的纯结构形式。

---

① 朱晓东. 英汉语篇对比与翻译［M］. 长春：东北师范大学出版社，2018：225-231.

1. 英汉语言语法连接的差异

第一，英语语言的语法连接具有明显的显性连贯，而汉语的语法连接接近于隐性连贯。英语的显性连贯借助于形态变化和形式词，明显地标明词、词语之间、短语之间或小句之间等的语法关系。形态变化包括起构词作用的构词形态和表示语法意义的构形形态。英语有形态变化，而汉语中却没有严格意义的形态变化。英语中的形式词指用来表示词语间、句子中小句间和语段中句子间的关系的起连接作用的词。英语中起连接手段和形式的词不仅数量大，种类多，而且使用频繁。主要的连接手段和形式有介词、冠词、关系词（包括关系代词和关系副词）、连接词（包括并列连接词和从属连接词）和其他连接手段，如 it 和 there。汉语造句更注重隐性连贯，以意统形，少用甚至不用形式手段，靠词语与句子本身意义上的连贯与逻辑顺序而实现连接。

例如：He boasts that a slave is free the moment his feet touch British soil and he sells the children of the poor at six years of age to work under the lash in the factories for sixteen hours a day.

译文：他夸口说一个奴隶从他的脚踏上英国土地的那一刻起就是自由的，但他却把穷人家 6 岁大的孩子们卖到工厂在皮鞭下干活，一天要劳作 16 个小时。

形态变化包括：名词的单复数（feet、children、years、factories、hours）、谓语动词的时态、数以及语态（boasts、is、touch、sells）、代词（he、his）、冠词（a slave、the moment、the children、the poor、the lash、the factories、a day）、介词（of、to、under、in、for）、连接词（that、the moment、and）、一致关系（He—his、He—boasts、he—sells、his feet—touch）。

第二，英汉两种语言在语法连接手段上，都用语法手段，但各自所采用的具体方式却有所不同。例如，英语的时体形式，在翻译时，汉语则要用替代方式。由于英汉语篇在语法衔接手段上存在差异，因此在英汉翻译时就需要恰当地进行语法连接手段的转换。英语（或汉语）用某种语法连接方式，翻译成汉语（或英语）则要靠词汇手段、逻辑手段或隐性连贯之类。

2. 英汉语篇语法衔接的转换

（1）从时体形式上分析

英语的时体作为语篇衔接的语法手段。

例如：Roger has finished the thesis. Caroline arrived from New York.

译文：罗杰完成了论文。因为卡罗琳从纽约来到了他身边。

例 2：Roger has finished the thesis. Caroline will arrive from New York.

译文：罗杰完成了论文。卡罗琳将从纽约来看他。

（2）从替代关系上分析

所谓替代，指用词语代替前文的某些词语，但不是指称性的一致关系，而只是具有同等或类似语义。替代主要有名词替代、动词替代和分句替代三类。替代在英汉语中都存在，且往往互相对应。但互不对应难以照译时，需借助其他衔接或连贯手段。

例如：A：I'll have a cup of black coffee with sugar，please.

B：Give me the same，please.

译文：A：劳驾，我要一杯加糖的清咖啡。

B：请给我也来一杯。（试比较：请给我也来同样的）

（3）从省略关系上分析

省略是用词汇空缺的方式达到上下文衔接的目的。语篇分析中也常将省略分为三类：名词性的省略、动词性的省略和分句性的省略。这三类省略多数是出于语法结构的需要。语法结构上的省略是英汉语篇衔接的常见形式。无论是英语还是汉语的语法结构上的省略，若无法忠实照译，都是以目的语的词语重复或替代来解决问题。但名词性省略一般英汉语是一致的。

例如：Take these pills three times a day. And you'd better have some of those too.

译文：这些药片一天吃三次。还有那些也最好吃一点。

汉译英中要特别关注的省略现象是汉语零位主语的问题。汉语的零位主语是汉语中的一种普遍现象，它与英语中的省略并非完全是一回事。这是因为汉语不是主语突出的语言，组词成句是围绕主题而展开的。所以，汉语中主语有时无须出现，而读者自明。这时，汉译英就需要填补上。

（二）英汉语言词汇的衔接

词汇连接指的是语篇中出现的一部分词汇相互之间在语义上的联系，或重复，或由其他词语替代。词汇连接是运用词语达到语篇衔接目的的手段，它包括语义的重复再现和各种指称关系。英汉语篇的词汇衔接手段不仅总的具体方式可以说完全相同，而且几乎都能够对应照译，特别是在语义重复方面。但也有不一致的地方，在指称照应方面，不同要多些。

1. 语义重复

语义重复指运用同义词、近义词、上义词、下义词、概括词等所构成的词汇链。它包括完全相同的语义词汇的直接重复，具有各种语义关系的词的同现，以及具有因果、修饰等组合搭配关系的词的同现。

例如：The recovery of organs does not begin until after the heart stops beating and death is certified by a physician not affiliated with the transplant program.

译文：器官的复原，应在心脏停止跳动，死亡已被与器官移植无关的医生证明之后，才能进行。

2. 指称照应

指称照应是语篇衔接的重要手段，它涉及人、物、事、时间、地点和词语等一切方面，既有对外部现实世界的外指，又有对语篇内语言要素的内指，既有回指又有下指。指称照应是为了语篇上下文的照应，形成一个照应性的系统，即一个意义完整、有机统一的语篇。英语和汉语在指称照应上的差异主要体现在人称指称和指示指称上。就英汉翻译而言，人称指称和指示指称是最具实践和理论价值的语篇现象。

人称照应在有些上下文中是至关重要的，尤其是英译汉。如果理解不正确，译文就会出现错误。

例如：There are two classes of people：the selfish and the selfless；these are respected，while those are looked down upon.

译文：世上有两种人：自私者和忘我者；忘我的人受到尊敬，而自私的人则遭鄙视。

（三）英汉语言逻辑的衔接

逻辑连接的差异是语篇内深层次的最普遍的连接，它是保证语篇的必备条件之一。逻辑连接也有显性与隐性之分。显性逻辑连接指使用了 and、but、then、for 等连接语的衔接，而隐性逻辑连接则指那些不使用连接语而靠语用、语境等实现的连接。就英语和汉语比较而言，逻辑关系总的来说是英汉相通的，即时空、因果、转折和表示相类同的推延等基本的逻辑关系是一致的。但是英语和汉语的逻辑关系有时也有差异，如英语的时空关系，汉译时常改为因果关系，反之亦然。总的说来，由于英汉连接语的差异和逻辑关系显性与隐性的差异，英汉翻译时，译者应选择正确的逻辑连接词或连接语，或隐或显，以使译文符合译语的表达习惯。

例 1：Where there is a will，there is a way.（空间关系）

译文：有志者事竟成。（条件推断）

例 2：When Mr. Brooker，who had a license to carry a gun，drew his pistol to try to stop the robber，one of them fired a shot that killed him.（时间关系）

译文：布鲁克先生有执照，可以带枪，便拔出枪来想阻止这伙强盗，可是一个家伙一枪把他打死了。（转折关系）

第三节　英汉语篇的连贯

连贯是语篇深层语义和功能的连接关系，是指以信息发出者和接收者双方共同了解的情景为基础，通过逻辑推理来达到语义的连贯，这是篇章的无形网络。①

在翻译中，如果一句一句孤立地看，有些译文似乎问题不大，但从通篇或整段来看，译文却犹如断线残珠，四下散落，没有贯穿连成一气的逻辑线索或脉络。究其原因，主要是忽视了原文中或明或隐的连贯性，没有在翻译中采取相应的连接和连贯手段，使译文不能成为一气呵成的有机整体。由此可见，连贯性在翻译中起着非常重要的作用。连贯是语篇中语义的关联，连贯存在于语篇的底层，通过逻辑推理来达到语义连接：它是将词语、小句、句群在概念、逻辑上合理、恰当地连为一体的语篇特征。连贯的语篇有一个内在的逻辑结构从头到尾将所有概念有机地连接在一起，达到时空顺序明晰、逻辑层次分明的效果。

实际上，连贯总是和衔接密切相关的，他们都是构成语篇的重要特征之一。但这两个概念也有区别。衔接是通过词汇和语法手段得以实现的，而连贯可以借助信息的有序排列来达到。要实现语篇连贯，通常采用“明显”和“隐含”两种方法。前者与语篇的衔接有关，指运用词汇手段如连接词来形成连贯标志；后者指信息的合理排列，这是一种无标志的连贯。试比较下面的

---

① 黄勤. 语篇的建构、解构与翻译［M］. 武汉：华中科技大学出版社，2019：74-155.

例子，看看各自语篇的连贯是如何实现的。

例 1：Swiveling from languor to ferocity，from sorrow to sarcasm，from command to confusion，Pryce is a Hamlet for our time of cosmic jitters and colliding antitheses.

译文：普赖斯扮演的哈姆雷特，性格不断变化：一会儿心灰意冷，一会儿狂暴凶煞；一会儿满腔愁绪，一会儿讽世讥俗；一会儿镇定自如，一会儿无所适从。他是我们这个高度紧张、激烈冲突时代的哈姆雷特。

在翻译过程中，译者最终提供给读者的是怎样一个语篇，这完全取决于译者对原文语篇内容的理解、结构的认识以及译语语篇的构建能力。从语篇连贯性而言，译者必须首先充分把握原文，认清原文的逻辑层次和脉络，也就是说要对原文语篇的连贯结构有一个明确的分析和把握。这是保证译文具有连贯性的前提。其次在对原文语篇连贯结构的充分理解的基础上，译者要依照译文的连贯模式和规律对原文语篇进行重新构建。

译文连贯不当可表现在词或词组、句子内或句群内。

例 2：That night he sat alone during dinner，careful，he later told us，not to “get in love's way” But he glanced often in our direction，and we knew he was not alone…

译文 1：那天晚餐时，他一直独自坐着，小心翼翼地，后来他告诉我们，那是为了“不妨碍别人谈情说爱”。可是他不时朝我们这边瞟上一眼，我们知道他并不孤独……

译文 2：那天晚餐时，他一直独自坐着，尽量“不妨碍别人谈情说爱”(那是他后来告诉我们的)。可是他不时朝我们这边瞟上一眼，我们知道他并不孤独……

原文中的两句话是靠“but”连接起来的，而且第一句中的“he later told us”明显是一句插入语。翻译时如果处理不当，必然会影响读者对两句之间关系的理解。译文 1 混淆了时间概念，会让读者以为“可是……”一句的动作不是发生在“那天晚餐时”，而是发生在“后来”。译文 2 将原文的插入语放入括号内，加强了两句的联系，也避免了时间概念上的混淆。

总之，翻译过程不仅仅是一种语言符号的转换过程，而且还是逻辑关系的转换过程，也就是连贯结构的重新构建过程。从本质上来看，这一过程涉及思维的转换过程，也就是说，译者的思路要经历一个从原文连贯结构到译语连贯结构规范的转换。这种转换体现着两种语言、两种文化的思维定式的对应、对照，甚至冲突，这就需要译者在思维方式上进行调整、变通，并把这种调整在译语语篇的连贯结构中具体表现出来。

第四节 保持上下文一致

语篇翻译必须注重篇章的整体性，考虑篇章上下文之间的呼应。所谓“呼应”，意思是“相互联系”“彼此照应”，指的是译文前后的遣词造句要相互配合，不能各自为政。因为语篇翻译不同于单纯的词语翻译。单纯的词语翻译因为没有前言和后语相联系，评判的标准相对模糊，遣词造句优劣与否难下断言。篇章翻译则大不相同，必须着眼于整体，从大局出发，保持上下文的一致性。

例如：When I first started to look into the origins of the symbol, I asked a Turk about the history of their flag. My idea was that young student in Turkey undoubtedly learn some story, as children in Britain are told that the crosses of St Andrew, St Patrick and St George combine to make the Union Jack, or young Americans hear the tale of how Betsy Ross sewed together the wreath of 13 stars with a block of stripes for the first American flag. I was told that the Turkish flag commemorates the great national victory at the Battle of Sakarya in 1922 when an army led by Kernal Ataturk expelled the Greek Army from Anatolia. This was an event of great importance to the founding of the modern Turkish Republic, roughly comparable to the American victory at Yorktown in Virginia. The symbolism arose because the soldiers were impressed by a close conjunction between the crescent Moon and Venus as reflected in a river of Greek blood. This accounts for the red background colour of the flag.

原译：当我第一次开始研究这种标记的起源时，我向一位土耳其人请教关于他们国旗的历史。我当时的想法是：土耳其年轻的学生毫无疑问知道某个故事，就像有人告诉英国的儿童，圣安德鲁、圣帕特里克和圣乔治的十字架组成英国国旗，或是像年轻的美国人听说这样的故事，贝特西·罗斯把 13 颗星的花环同一组条纹缝在一起制成第一面美国国旗。我得知，土耳其国旗纪念 1922 年萨卡利亚之役取得的伟大的民族胜利，当时凯末尔率领一支军队把希腊军队逐出阿纳托利亚。这对现代土耳其共和国的建立是一次非常重要的事件，大体上堪与美国人在弗吉尼亚州约克镇取得的胜利相媲美。因为新月和金星的紧密汇合在希腊人的一条鲜血流淌的河中反映出来，给土耳其士兵留下了深刻的影响，所以才产生这样的象征图形。这说明土耳其国旗何以采取红色的背景。

原文的作者说他自己开始研究星月图案的时候曾就土耳其国旗上图案的由来问过一个土耳其人。从上下文看，这个土耳其人是个年轻人，是个学生。作者起初的想法是，土耳其的年轻人应该是知道他们国旗图案来历的，因为英国和美国的年轻人都了解自己国家国旗图案的来历。但是，上下文有三处提到所谓的“年轻人”：young students，children 和 young Americans。文章中看不出作者问的这个土耳其人到底是“中学生”还是“大学生”。同时，“年轻的学生”又不符合汉语的表达习惯，所以不妨译成“青年学生”或干脆译成“年轻人”。

如果抛开上下文不考虑，单纯一句 I was told that... 译成“我得知……”不仅不错，甚至可以说译得很好。但是，因为有上下文，这一句译文就译得不够恰当。应该是作者问的这个人“讲”了土耳其国旗上图案的来历，“告诉”了作者，作者才知道的，所以应该译成“他告诉我……”。译成“我得知……”容易造成理解上的误会，仿佛作者“请教”的这个土耳其人什么都没说，自己是从别处了解到该图案来历的。

原文最后一句中的代词 This 不应用“这”来代指。This 代指的是那个土耳其人告诉作者的话，即土耳其国旗上星月图案的来历。因此，This accounts for the red background colour of the flag 就不能简单地译成“这说明土耳其国旗何以采取红色的背景”，应该使 This 呼应上文，译成“这个土耳其学生的话还揭示了土耳其国旗的底色为什么是红色的”。理由是：作者只问了他国旗图案的来历，并未问他国旗底色的来历，“土耳其国旗的底色为什么是红色”是作者自己从那个土耳其人的话中听出来的，换言之，是那个土耳其人的话反映出来的。

语篇翻译必须注重篇章的整体性，考虑篇章上下文之间的呼应。原译文按字面意思将 a Turk，young student in Turkey，young Americans，I was told 和 This 分别译成“一位土耳其人”“土耳其年轻的学生”“英国的儿童”“年轻的美国人”“我得知”和“这”，将语篇翻译等同于单独的词句翻译，结果使译文语句各自为政，相互间缺乏联系，行文前后有失呼应。

试比较下列译文：我最初开始研究星月图案起源的时候曾经问过一个土耳其的学生，问他土耳其国旗上星月图案的由来。我当时想，土耳其的年轻人肯定知道他们国旗上星月图案的由来，因为英国的年轻人都知道英国国旗的“米”字形图案是由圣安德鲁十字架、圣帕特里克十字架和圣乔治十字架叠合而成的。美国的年轻人也都知道最初标志十三州独立的星条旗是由贝特西·罗斯夫人缝制的。我问的这个土耳其学生告诉我：土耳其国旗上的星月图案是纪念萨卡利亚战役的。1922 年，凯末尔率领土耳其军队在萨卡利亚战役中把希腊人赶出了阿纳托利亚，土耳其获得了民族独立。萨卡利亚战役的胜利意义重大，土耳其人由此建立了共和国。土耳其人的萨卡利亚大捷相当于美国人的约克镇大捷。在萨卡利亚战役中，希腊人血流成河，天上的金星和月球交会，在血泊中留下倒影，给土耳其人的记忆打上了深深的烙印，于是土耳其人就用星月图案做他们的国旗图案了。同时，这个土耳其学生的话还揭示了土耳其国旗的底色为什么是红色的。

第七章 修辞格的翻译技能

第一节 修辞格的特点

英语中对修辞的定义是为说服或影响他人而用词说话或写作的艺术。一时间，图书、词典明确将修辞看作“在演讲或写作中为说服或影响别人而使用词的艺术”。在古代西方，演讲人为了吸引听众而讲究用词艺术以提高演讲的效果，这种演讲的传统流传至今。而在诗学及修辞学中，西方人明确提出了比喻等修辞手段和风格的概念。

西方的哲学家、语言学家，尤其是近现代的哲学家、语言学家都从各自的研究领域或方向对语言的修辞给予了一定的阐述或将其意思隐含在其表述中。例如英国哲学家约翰·朗肖·奥斯丁（John Langshaw Austin）创立了言语行为理论，其中一条是言外行为，它是指以言行事，即表明说话是为了达到影响他人或约束自己的目的；英国语言哲学家赫伯特·保罗·格莱斯（Herbert Paul Grice）创立的合作原则中有一条准则是关联准则，它要求说话人所说的话和对方的话题相关联，不要答非所问；美国语言学家肯尼斯·L·派克（Kenneth L. Pike）从语调的意义出发对说话人在词义之外对话语所加的态度和感情看作修饰句子或短语的词汇意义；等等。国内的一些学者也从不同的角度对修辞的特性进行了阐述，如修辞是言语行为，言语行为的目的是交流，交流是为了信息和情感的互动，互动就是在平等的基础上的沟通，而沟通就要对话；吕熙先生则将修辞浓缩为语言的准确、鲜明、精练、生动、深刻；等等。

中文“修辞格”这个术语可以追溯到100多年前的1923年，当年唐钺先生所著《修辞格》出版发行，随后 1932 年陈望道在自己所著《修辞学发凡》一书中将此术语广泛使用并使之推广。那么，从修辞的结构上看，其特点与种类分为四种。

第一，描述体描述对象体。所谓描述体是对对象体表示形象的修辞体；而对象体是被描述的对象。

第二，换代体换代本事体。所谓换代体是一种从正面、侧面、反面临时换代本事体的修辞体；而本事体是固有的、隐而未说的，与换代体在内容上相同的修辞体。

第三，引导体引导随从体。所谓引导体是指两个或两个以上的修辞语句的先行语句；而随从体是引导体的随从，受引导体的引导和支配。换句话说，就是引导体怎么引导，随从体就怎么随从。

第四，变形体变形原形体。所谓变形体是通过增加或减少等手段，对原形给以结构形式的变化。不是变得面目全非，而是对原形体给以全部、部分形式的保留；而原形体是指原有语句结构未经任何改变的修辞体。

以上四点将修辞格的基本特征、特点、内容全部涵盖在里面，比较全面地反映了修辞格各种结构的形式。

从特性上看分为三种：具有动人的表达效果；具有特定的结构模式；具有稳定性、发展性。

纵览中外语言修辞特点，其共同点为：化平淡为新奇，化呆板为鲜活，化枯燥为生动，化冗杂为洗练，化晦涩为明快，化一般为艺术，激发联想，唤起美感，娱人耳目，增强表现力、说服力和感染力，做到语言形式与表现内容完美和谐的统一。

第二节　常用修辞格的运用

一、比喻

比喻分为明喻（simile）、暗喻（metaphor）和借喻（synecdoche）。它由三个要素组成：本体，指被比较的事物；喻体，指用来作比较的事物；喻词，指连接本体与喻体的词。明喻就是两者之间存在着明显的比喻，用“像、好像、仿佛、像……一样”等字眼来表示。暗喻就是两者之间的关系不太明显，看不出是在打比方，而实际上是在打比方，常用“是、就是、等于”等词来表示。借喻是用喻体来比喻。①

英语修辞中的称谓与汉语的略有不同，不能完全一对一地对照着使用，英语的 simile（明喻）与汉语的明喻基本相同，都是用某一事物或情境去比喻另一事物或情境，在英语的 simile 构成中，三个要素也是缺一不可的，即本体、喻体、喻词。英语的喻词用“as、like、as... as...”等。比如 as gay as a lark/ bird（像百灵鸟一样快活）、as sudden as an April shower（像四月的阵雨一样突然）、as crazy as a bedbug（像臭虫一样疯狂）、as brave as a lion（像狮子一样勇敢）、as gentle as a lamb（像羔羊一样温顺）、as proud as a peacock（像孔雀一样骄傲）。

但英语里的 metaphor（隐喻）则兼有汉语中的暗喻和借喻的特点，即均将甲物当作乙物来比喻，表达方式为甲是乙。比如 a rat leaving a sinking ship（不能共患难的人）、a rat in a hole（瓮中之鳖）、a black sheep（害群之马）、a snake in the grass（潜伏的危险）、a bull in a china shop（莽撞闯祸的人）、make a duck's egg（得零分）、wake a sleeping wolf（自找麻烦）、hold a wolf by the ears（骑虎难下、进退两难）、keep the wolf from the door（免于饥饿、勉强度日）、rain cats and dogs（下倾盆大雨）。

二、比拟

比拟分为拟人（personification）与拟物（plantification）两种。拟人是将人以外的事物当作人去写的手法；而拟物则相反，是将人作为物或把一种事物当作另一种事物的手法。

英语中的拟人与汉语的拟人相同，都是将事物赋予人的动作、言行、思想及情感。但英语中的拟物是通过象征（metaphor）来表现的。

例 1：田里现在还只有干裂的泥块，这一带，现在是桑树的势力。

译文：The unplanted fields as yet were only cracked clods of dry earth；the mulberry trees reigned supreme here this time of the year.（拟人）

例 2：The crocodile in the river thought hard and finally he had an idea.

---

① 李国南. 英汉修辞格对比研究［M］. 北京：外语教学与研究出版社，2018：1-56.

译文：河里的那条鳄鱼冥思苦想，最后终于想出了个主意来。（拟人）

三、借代

顾名思义，借代就是借那些与人或事物有密切联系的事物来代人或事物的一种修辞手法。由于借代在代表某类人和事物时具有独特的或明显的或典型的特征，故一提到这类人或事物时人们就很自然地联想到它所指代的另一类人或事物。英语中表示借代修辞的方法通常有换喻（metonymy）或提喻法（synecdoche）。

例 1：The pot should not call the kettle black if it's got soot itself，you know!

译文：要正经除非自己锅底没有黑。

此句用“锅底”代历史行为，用“黑”代污点，不检点。

例 2：He was promoted from the grey-collar to the white-collar in the shortest time last month.（metonymy）

译文：他仅用了一个月时间从灰领晋升到白领。

句中用 grey-collar 代体力劳动者，通称灰领；white-collar 指脑力劳动者，通称白领。前者属服务行业工人，后者属机关职员。

四、夸张

夸张是指对事物的全部或部分进行过分的、言过其实的描述。这样做是为了突出或夸大某事物以吸引对方或炫耀自己。当然夸张不只是一味地夸大，也有相反的情况，对某事进行缩小的描述。英语的夸张（hyperbole）与汉语的夸张意义相同，都是突出事物的本质以给人留下深刻印象。

例如：叶子和花仿佛在牛乳中洗过一样。

译文：The lotus leaves and flowers seem to be washed milked.

用“牛乳”来夸张，叶子和花不是在一般的水中洗过，而是在牛乳中洗过，以此来增强读者对月色下荷塘里的叶子和花的感受与印象。

五、对比

对比（contrast）是指通过语言将客观事物中的相互对立的矛盾体、对立面再现的过程。恰到好处地运用对比修辞的手法能增强文章的色彩，在对比中突出事物的特征、本质。英语中的对比，其特征也是将两个正反方面或一个事物相互对立的方面放到一起描述的过程。它要求作者在运用此修辞时应遵循对立、对仗等特征。“它对仗工整，锦心绣口：意境高远，自然成趣，增进文章的华彩。它音节匀称，分量相当，看起来平均均衡，听起来和谐悦耳，使人产生一种稳当、愉快、完美的感觉，符合美学的均衡原则。”（吕煦《实用英语修辞》）

例如：United we stand，divided we fall.

译文：合则存，分则亡。

united 与 divided 相对比，stand 与 fall 相对比。

六、反语

反语（irony）就是用意义完全相反的词语去表达原本想表达的意思。此修辞格在汉英两种语言文化中意义相同。人们通常采用正话反说或反话正说，不过，英语的反语比汉语的含义要广些。这是因为英语里除了人们常用的语言反语外，还包括戏剧反语和情景反语，而它们是戏剧表演上的反语修辞，已超出人们所谈的修辞格范围。英语中的反语运用需要读者根据上下语境来进一步解读。

例如：A：The boy has broken another glass.

B：A fine thing.

译文：A：这男孩又打碎了一个杯子。

B：打得好呀！

本来这段对话中 A 说话时是带着某种埋怨并希望 B 能批评孩子，没想到 B 却反其道而行之，不但 A 没有得到 B 的响应，B 反而说出 A 意想不到的话来。此时 A 并未理解 B 说话的意思，B 是故意用反话来回应 A。事实上 B 并不是听到 A 说男孩打碎杯子而真的高兴，不是真的打心眼里看着孩子打碎东西而快活，B 只是说气话，这种气话是通过反语正说的方式来表达的。

七、双关

双关（pun）是指一个词语或一句话涉及两个方面的意思，一个是表面意思，另一个是其隐含的意思。运用双关修辞格的人往往是以其隐含意思来展示其想表达的意思及意图，即言在此而意在彼。运用恰当会使语言生动有趣。英汉语中的双关都可分为谐音双关和语义双关两种。谐音双关是将词义不同的谐音词组合在一起的修辞手法；而语义双关就是指根据一词多义的特点而构成的双关。

例如：On Sunday they pray for you and on Monday they prey on you.

这句英语用了“pray”（祷告）和“prey”（榨取、掠夺）两个词谐音双关。但译成汉语时如何译，是译成表面意思还是译成隐含意思呢？因为两者是有很大区别的，语义感是不同的。第一种译法是从词的表面意思上翻译，即“周日（今天）他们为你祷告，周一（明天）他们就向你榨取”。第二种译法我们取其义翻译，即“他们满嘴的仁义道德，背地里却男盗女娼”。从语感上看第一种译法显然不如第二种译法强烈，第二种译法给读者的感觉更深刻、逼真，直截了当地揭开了伪善者的面纱，向人们揭露了他们的真面目。“因此，双关语的翻译常使译者头痛终日，难求一解。有时可借用原文的词语，有时要变通处理，或增添译注，或改用其他等值的双关。”（邱述德：《英语歧义》）

八、婉曲

婉曲也称委婉（euphemism），是以转弯抹角的方式来暗示说话人原本的意思，而不是直接说出事情或人物的本质。中外作家、诗人在其作品中广泛使用。不同的人在使用委婉时所表达的效果是有差异的。有的人想借此增加语言的力量；有的人是为了不伤及他人或对方而采用委婉的表达方式，这样对方可在一定程度上接受其观点；等等。汉语的婉曲可分为婉言和曲语，英语中的委婉语通常是说话人不以令人尴尬的语言或粗鲁的语言，而是以含蓄的、温和的语言表达其原意。

例如：Millions of heroes have laid down their lives for the liberation of mankind.

译文：无数英雄志士为了人类的解放事业献出了生命。

短语 lay down one's life 表示牺牲（自己的）生命，为人类的解放而献身，比直接说死要好听得多，委婉得多。

九、拈连

拈连指说话者将适用于某人的词语，顺势用在另一人身上。它分为全式拈连和略式拈连两种。拈连，顾名思义，就是将两件事物用拈连词语连起来。

这种修辞在汉语文学作品中广泛运用，与英语 zeugma（轭式搭配）相同。英语轭式搭配是用一个形容词来修饰两个名词或一个动词支配两个名词，把原本相互不关联的词语连在一起以表示一个更深刻的含义，增强语言的感染力。

例如：He caught a cold and a bus。

在此句中，感冒与公共汽车本是不相干的两个方面，但用 catch 这个词便将它们串联起来，以幽默的笔触勾勒出他是个弱不禁风的人，费了好大的劲才赶上了公共汽车，但由此得了一场病。如果此句以汉语的拈连法翻译的话，即“他赶上了公共汽车，所以也就赶上了一场感冒”。用“赶上”将两件事连在一起，而第二个“赶上”则是信手拈来的，表现出作者的匠心及诙谐的笔调。不过从英语的词语搭配中，我们注意到，这种搭配的特点是，动词后有两个名词，而且都搭配得顺畅，构成一种自然组合。但并非所有的组合都是这样，例如 Weeping eyes and hearts 不能直译为“流泪的眼和心”，这时需要变通译法，采用并列成排比的译法比较合适，即“一双双流泪的眼睛，一颗颗哭泣的心灵”。

十、对偶

对偶指将意义相关、结构相同、上下字数相等的部分对称地排列在一起以表示一个完整的意思。汉语里的对偶要求出句与对句平仄相对，词性相对，上半句与下半句必须各自独立，然后形成一对平仄律，让读者读起来十分悦耳。按类型分，对偶可分为正对、反对和串对。但从结构上看，它又可分为严对与宽对。英语的对偶（antithesis）与汉语中的对偶在组词时很相似。即上下对应、字数相同、意义相对，表示一种对比或对照的关系。

十一、排比

排比（parallelism）是指将两个或两个以上的结构相同、字数大体相等、意义相近的语句用于表达相似或相关内容。排比由小到大可分为词的排比、短语的排比、句子的排比。英语的排比与汉语的排比修辞相同。其效果是给人以整齐划一的美感。

例如：Thus we hate what threatens our person，our liberty，our privacy，our income，our popularity，our vanity and our dreams，and plans for ourselves.

译文：我们的身体，我们的自由，我们的隐私，我们的收入，我们的人缘，我们的虚荣，我们的梦想以及为自身所做的各种安排，凡此种种受到威胁，我们就会仇恨。

在这个英语句子里作者共用了 8 个排比词语，由此使得这段内容更为明晰、强烈，语言更有气势，翻译应体现出排比句。

十二、层递

层递是指采用结构相似，依轻重或大小递增或递降展现事物的过程。英语叫 climax，它是由表及里、层层深入的过程，具有紧密的逻辑关系。

例如：这是家庭的毁灭，道德的沦丧，国家的崩溃。

译文：It was the ruin of the family，the uprooting of moral，the destruction of the nation.

这句的递进关系是由小到大的进程关系，先小家后大家，层次分明，论述明确，印象效果深刻。

十三、反复

反复是指词语或句子的重复，其功能在于加强语气，突出内容，引起人们的关注、情感。在诗歌、小说、散文等体裁中广泛使用。英语的 repetition 与汉语的反复相同。

例如：欲说还休，欲说还休。你可能就是要制造这种藕断丝连的效果。

译文：You wanted to say it，but you did not. You wanted to say it，but you never did！It seems you just wanted to create a broken relationship that is not totally broken.

十四、移就

移就（transferred epithet）是一种常见的修辞手法，它涉及将描述一个事物的形容词、副词或其他属性词应用于另一个事物。这种修辞手法的特点是将原本属于一个事物的特征或状态，巧妙地转移到另一个事物上，从而创造出一种新颖、生动或富有想象力的效果。

例如：They（African elephants and Indian elephants） represent a pitiful remnant of a group that once included some 30 kinds of animals large enough to make the ground tremble beneath their step.

译文：（长鼻目动物）曾有约30种不同的象。这些象身躯非常庞大，它们行走使得足下的大地震动。令人遗憾的是，只有非洲象和印度象存活下来。

句子的pitiful并不单纯修饰remnant（存活），而是修饰整个句子。故将pitiful remnant分开来译，把pitiful置于句首，译文符合逻辑，自然流畅。

第八章　各类语体的翻译技能

第一节　新闻语体的翻译技能

一、新闻语体的含义

简单来说，新闻就是以报刊、广播、电视等大众传播工具为依托，向公众传播的信息。由于文化、价值观念和意识形态存在差异，人们的观察视角和侧重点不同，尚无完全认可的、统一的新闻的界定。美国出版的《韦氏新大学辞典（第九版）》给新闻下了非常简明的定义：a report of recent events（最近事件的报道）；material reported in a newspaper or news periodical or on a newscast（在报纸、新闻期刊或新闻广播中所报道的材料），matter that is newsworthy（有新闻价值的内容）。

新闻语体即在新闻中使用的语体。在英美国家，新闻一般根据纪实性被分为软新闻和硬新闻。简讯、新闻报道和深度报道被称为硬新闻，而评论和特写则被称为软新闻。在汉语中，新闻包括消息、通讯、新闻特写、深度报道等。

二、新闻语体的特点

（一）语言大众化

新闻的受众非常广泛，无论是各领域的专家学者，还是黎民百姓，无一不是新闻的消费者。因此，为了适应多层次的消费者，新闻通常使用大众化的语言，以迎合广大群众的口味，缩小新闻与读者的距离，使新闻读起来有亲切感。而新闻语言的大众化主要体现在口语和俚语、俗语的使用上。

例如：Despite the progress China has made in reducing poverty and increasing life expectancy and literacy, rural citizens in China still have less access to basic public services than city dwellers, the U. N. Development Program said.

译文：联合国开发计划署称，在减少贫困、提高人口平均寿命和识字率等方面，中国取得了很大进步。不过，与城市居民相比，为农村居民提供的基本公共服务还是较少。

在这则新闻里，新闻创作者使用了口语“rural citizens”（农村居民）对应“city dwellers”（城市居住者），而使新闻更接近群众，更容易被读者接受。

（二）语言简洁

为使用最少的版面，用最少的时间，使大众获得最丰富的信息，汉语和英语新闻的语言都尽量使用简洁的语言，做到简明扼要，言简意赅，用最少的文字表现最丰富的内容。这一点，在汉语和英语新闻的标题上，更是有突出的表现。

首先，汉语新闻和英语新闻偏爱用短词以使文字简练。其次，为了简洁，汉语新闻倾向于使用缩略语和简称。另外，汉语和英语新闻都尽力在句式结构上也做到简洁。

出于这个目的，英语新闻经常使用分词短语、介词短语、名词短语、不定式短语等代替从句，使句子的结构更加简单、明了，使新闻的叙述更加清楚，从而使新闻接收者的思路也更加清晰。这样，新闻就更容易在短时间内被受众理解、接收。

（三）用词灵活、新颖

新闻的目的是吸引大众的眼光，让大众了解国际国内最新发生的事件。出于宣传和吸引目光的目的，新闻的用词力求新颖、别致、标新立异。地名、建筑名，以及其他领域一些术语的借用是新闻用词灵活、新颖的一个重要体现。除此之外，新闻的用词灵活、新颖还体现在一些新词的杜撰和使用上。

不论是在汉语新闻还是英语新闻里面，我们都可以看到一些地名或者建筑名被用来借指一些国家的政府或者机构。例如，在英语和汉语新闻里白宫

（White House）经常用来代指美国政府，而五角大楼（Pentagon）则常用来代指美国国防部。再如，美国首都“华盛顿”用来代指美国政府，而中国首都“Beijing”则用来指中国政府。

新闻词汇求新的另一个途径就是使用和杜撰新词。由于新闻的性质，它对社会生活中出现的新事物、新变化，以及科学技术的新成果、新理论总是最为敏感，并以最快的速度加以反映。这也导致了新闻中新词语的频繁出现。

（四）善用修辞

为了使新闻报道生动、形象，英语和汉语新闻都非常善于使用修辞手法，借助生动、浅显、妙趣横生的语言来阐释那些读者感到深奥、晦涩的名词、术语，使新闻在不失真实性的同时让读者增长知识。

例如:《蒙娜丽莎》日显苍老“整容手术”迫在眉睫

巴黎卢浮宫博物馆馆长说，《蒙娜丽莎》的芳容正日益呈现出“老态”，同时他还宣布要对这幅有着500年历史的名画进行科学研究。

译文：Ageing Mona Lisa worries Louvre

The Mona Lisa is showing her age, museum curators in Paris said while announcing a scientific study of the 500-year-old masterpiece.

此句运用了拟人的手法把《蒙娜丽莎》这幅画像的破损比喻为“日显苍老”和呈现“老态”，把画像的修补术比喻为“整容手术”，从而使新闻的叙述更加浅显、生动，更容易被群众接受。

（五）时态的活用

英语新闻为了给读者一种现实感和新闻的及时感，经常用一般现在时表示过去。这种时态的活用在新闻的标题里出现的频率非常高。

例1：Astronomers Find “Hot” Vortex on Saturn

Astronomers using a giant telescope atop a volcano have discovered a hot spot at the tip of Saturn's south pole.

译文：土星上发现“温暖”的极地涡流

天文学家们使用巨型望远镜在一座火山顶上观测太空，结果发现土星南极顶端有一个“热点”。

同时，英语新闻的标题中，还时常用现在时表示将要发生的事情。

例 2：Stars Rock Bangkok for Tsunami Relief

World entertainment giant, MTV Asia , will hold a star-studded concert today (Thursday) to raise money for the tsunami relief effort.

译文：众星云集曼谷，为印度洋海啸赈灾

世界娱乐界巨头——亚洲音乐电视，将在今晚（星期三）举行一场众星云集的音乐会，以筹集资金为海啸赈灾出力。

三、新闻语体的翻译

（一）新闻标题的翻译

1. 灵活采用直译与意译

对于翻译到底是采用直译还是意译这个问题应该灵活处理，该直译的就直译，该意译的就意译。新闻英语标题的翻译也不例外，应在准确理解原文的基础上准确翻译。如果标题的含义明白、直接，译成汉语以后中国读者不至于产生理解上的困难，则可直译或基本直译。例如，Ugly Duckling N-Ship at Last Gets Happy Home（丑小鸭核动力船终于找到安乐窝）。这个标题采用了直译的手法，译文言简意赅，主题鲜明。安徒生童话中的“丑小鸭”已经成了备尝辛酸终获幸福的代名词。该标题之下的相关报道讲述的是某国唯一的一艘核动力船，因许多国家担心核污染而拒绝让其靠岸，所以只得在海上到处漂泊，历经周折之后最终被获准在一个港口停泊。原文标题中以调侃的语气巧妙地将这艘核动力船比喻成 ugly duck（丑小鸭），而将最终接纳该船只的停泊港比喻成 happy home（安乐窝），因为中国读者对“丑小鸭”也十分熟悉，所以译者大胆采用了“拿来主义”的直译手法，让读者一看就明白是怎么回事，从而使标题所蕴含的新闻信息更加鲜明生动。

但是，大多数情况下，英语新闻标题有其鲜明特色，完全直译往往会损害阅读效果。

例 1：Olympics Begin in Style; Swimmer Takes 1st Gold

译文：奥运盛大开幕，泳将喜夺首金

例 2：Looking Back to Look Ahead

译文：回首往昔，展望未来

以上两个标题都采用了直译和意译相结合的方式，译文显得自然流畅。

它们不仅贴切地体现了标题的原意，而且富有汉语新闻标题的典型特征：工整对仗，文采绰约。如果采用完全直译，那第二句的标题就要译成“为了展望未来而回首往昔”或是“回首往昔以展望未来”，但这样译文的阅读效果就会大打折扣。

2. 灵活处理原文中的修辞

新闻标题为了更加引人注意，往往会通过运用各种修辞技巧来达到效果。译者在进行翻译时要尽可能地体现原文的修辞特点，使译文和原文在修辞上达到或基本达到吻合。

例 1：After the Booms Everything is Gloom

译文：繁荣不再，萧条即来

这则新闻标题采用了押韵的修辞手法，使得新闻标题变得生动活泼。其中的 Boom 和 Gloom 构成尾韵，而汉语译文巧妙地通过“再”（zài）和“来”（lái）这两个字颇为理想地达到了押韵的效果，读起来生动有力，朗朗上口。

例 2：Soccer Kicks off with Violence

译文：足球开踢，拳打脚踢

这则标题采用了双关的修辞手法。双关语的运用常常能取得幽默的效果。Kick off 在足球比赛用语中原指“开球”，但与后面的 violence 一词并用，又立即在读者头脑中映出一幅拳打脚踢的景象来，因而读来能使人回味，而回味之中又能令人哑然失笑：原来比赛双方一开球就打起来了。基于这样的理解，将该标题译作：足球开踢，拳打脚踢。这样翻译既完美再现了原语的双关修辞手法，又使得译文前后押韵，达到了幽默的效果。

3. 灵活添加注释

由于中西方文化不同，其思维方式也随之存在很多不同。这就要求译者在翻译标题的过程中应当充分考虑到不同文化和不同读者阅读心理之间的区别，对一些可能不熟悉的信息、文化背景知识以及表达方式进行必要的变通或阐释，酌情加上逻辑主语或新闻人物的国籍、消息的事发地点等补充信息。

例 1：Lewis，Xie Voted World's Top Two

译文：路（易斯）谢（军）当选世界十佳（运动员）前两名

上述这则标题中的背景注释言简意赅地把有关新闻人物的情况在逻辑上或语义上有所缺损的信息完整地介绍给了读者，方便读者理解。可见，标题翻译过程中适当的解释有时是很有必要的。

4. 套用中外诗词名句

汉语和英语中都有一些脍炙人口的诗词熟句或名言名句，在翻译新闻标题时，酌情借用、套用读者耳熟能详的诗词熟语，很容易唤起读者的亲切感。

例 1：Bush daughters reach legal age to drink

译文：布什双娇初长成，酒巷从此任纵横

例 2：Singaporean Film Star Gives Part of Liver to Save Dying Lover

译文：若为爱情故，肝脏也可抛——狮城影星捐肝救垂死恋人

这两个新闻标题的译文都套用了读者耳熟能详的名句，这就比较容易引起读者的阅读兴趣。第一例译文标题模仿了白居易的长篇叙事诗《长恨歌》中的“杨家有女初长成，养在深闺人未识”这一名句。另外，译文标题之所以把原文中隐含的“从此可以畅怀痛饮”这层意思点破，是因为对美国读者来说，“达到法定饮酒年龄”（reach age to drink）这句话本身足以产生这两姐妹从此可以豪饮的联想，说得过于直白反而少了韵味。但对大多数缺少这一新闻背景的中国读者来说，同样一句话不可能引起同样的联想。第二例标题的译文由眉题和正题两部分组成，其中眉题部分系套用匈牙利诗人裴多菲的“若为自由故，二者皆可抛”这一名句并略做改动而成。这样翻译就引出了一个原本就很感人的爱情故事，在相当程度上传达了原题情真意切的意蕴。

（二）新闻导语的翻译

导语是对全篇新闻内容的概括，也是新闻的精髓，可以直接作为一则浓缩的微型新闻。导语通常开门见山地昭示新闻内容，一般涵盖了新闻的重要因素，会告诉读者何时、何地、何人发生了何事，有时还会告之因何而起、有何结果等。可见，导语概括出来的要点实际上是浓缩的消息，是整条消息中最关键的句子或段落，能帮助受众了解新闻的主要内容。导语是一篇报道能否吸引受众、获得成功的关键，是体现新闻价值的重要部分。新闻英语导语有不同的分类方法。

1. 硬新闻导语和软新闻导语的翻译

硬新闻导语的翻译。硬新闻导语是指开门见山地列出新闻要素的导语，其特点是更倾向于程式性叙述，可以包括概括性导语、要点式导语、标签式导语、橱窗式导语等。英语硬新闻导语一般崇尚简洁，直截了当，突出重点要素。在翻译时，一般宜采用直译的方法，在不影响内容的前提下可适当调

整语序，以符合汉语的表达习惯。

软新闻导语的翻译。软新闻导语较为随意，更具文学性，可以从人物的描写入手，也可以从逸闻轶事导入。软新闻导语通常采取一种带有文学色彩的写作手法，使其生动活泼、情趣横生，以吸引受众，因此翻译时宜采取带有文学色彩的手法，以保留原文的文学风格。

2. 原因导语和方式导语的翻译

原因导语把重心放在回答 why 即“为什么”上，方式导语则注重 how 即“怎样”。英语新闻导语中为强调原因和方式，可以把它们放在句首，把主语放在后面；而在汉语表达中，习惯上总是把人或事放在首位，因此在翻译时需注意拆分倒译。

例如：Trying to pass another car while traveling at high speed brought serious injury to two men last night when their automobile overturned twice on Washington boulevard at Potter Avenue.

译文：昨晚，两名男子在波特大街的华盛顿大道口发生车祸，严重受伤。他们的车子在试图高速超越另一辆车时连打了两个滚。

上述句子如果顺译，开头没有主语，就会使译文文理不通，语义不明，读者就会不知所云。译文经过拆分重组，就显得顺理成章了。需要注意的是，倒译不是乱译，如果句子较长，译者一定不能遗漏某一部分，要尽量再现原文的内容和内涵。

3. 概括性导语和事实性导语的翻译

概括性导语是硬新闻撰写的常用形式，其特点是在消息的第一段把新闻事实的轮廓等概要地叙述出来，以引导读者提纲挈领地阅读新闻并抓住要领。事实性导语则更为精练，集中叙述新闻中主要事实的某一部分、某一场景或情节高潮，开门见山地道出精髓，以最少的单词报告最新的信息。这两种导语通常采用顺叙的文体，类似汉语的逻辑思维顺序排列，但是句法结构各不相同。英语常用短语动词，句中意义紧凑，较多使用名词和介词；汉语则喜欢用短句，句中意义松散，多使用动词。这类句子可运用分拆顺译法，按顺序拆分，按相关意思合成几个意群组，用汉语逗号分开，意义明了。

4. 延缓性导语的翻译

延缓性导语是一种特殊而新颖的导语，它不遵循概括性导语或事实性导语所必须做到的直截了当、开门见山的写作原则，而是采取一种带有文学色彩的写作手法，使导语更生动活泼、情趣横溢，以激发读者的兴趣。延缓性导语一般用来创造一种现场感或制造一种气氛，以反映报道的主题。

例如：Under the brilliant, mellow early November sunshine, multicolored chrysanthemums of over 500 varieties rioted in color and beauty at Shanghai's annual floral opened at the People's Park today.

译文：11 月初的太阳明媚灿烂，500 多种绚丽多姿的菊花在阳光下竞相争艳，每年一次的上海菊展今天在人民公园开幕。

此句在英语中属于简单句，但是其附属成分很多很长，有介词短语、形容词短语、过去分词做定语，介词短语修饰主语，还有两个地点状语和一个时间状语。因此，在翻译时要按照汉语表达习惯，把原文划分为一个个意群，由多个小句来表达。

5. 引语性导语的翻译

引语性的新闻导语通过引用消息中主要人物关键性或针对性、有代表性或有新意的谈话，来增强消息的真实性、可信度与权威性。引语性导语通常分为完整引语性导语和部分引语性导语。引语的意义常常受制于语境，因此在翻译时要十分重视“话外境”，谨慎选用贴切的词语。

例如：“Youth gangs are a serious threat to absolutely everyone in Chicago,” says Police Lt. Thomas Hughes, “mainly because they are heavily armed and capable of committing any type of crimes.” He estimated there are about 140 youth gangs, in this city, with a total of 3000 to 5000 members. Last year they were responsible for 33 killings and many other crimes.

译文：“青少年流氓集团对每个芝加哥人来说，是一个严重威胁，”警察中尉托马斯·休斯说，“这主要因为这些集团拥有大量武器，他们会干出各种各样的罪恶勾当来。”据这位警官估计，芝加哥市内大约有 140 个青少年流氓集团，成员总数达 3000—5000 人。去年他们犯了 33 起命案和许多其他罪行。

上述引语是一位警官的总结，说话时表情严肃，没有语气词，没有俏皮话，翻译时也应该保持这种语调。

（三）新闻正文的翻译

新闻正文的翻译是一项专业性很强的工作，它不仅要求译者具备扎实的语言功底和丰富的词汇量，还要求译者对新闻事件的背景、相关领域的知识以及文化差异有深入的了解。

1. 注意区分主次信息，调整句子结构

区分主次信息、调整句子结构是英译汉的主要手段。具体体现在以下几个方面。

（1）用介词短语作状语传递次要信息

例如：我们围绕解决经济运行中的突出问题，注重增强宏观调整的预见性、及时性和有效性。

We have worked hard to make macro-economic regulation/macro-control more proactive, responsive and effective, with focus on resolving major problems effecting economic performance.

例文中有两个小句，其中第二个小句是主要信息，第一个小句是有关细节内容，是次要信息。译文将其改译成一个句子，主要信息被用来作为句子的主干结构，with focus on resolving major problems effecting economic performance 是次要信息，因此这样借助 with 引导的介词短语结构穿插到句子中做状语，使得译文句子结构紧凑，表达地道。

（2）用定语从句传递次要信息

例如：文化特色和个性是历史文化名城独特与珍贵的标志，历史文化名城间的文化交流与合作将极大地促进城市文化可持续发展和繁荣。

Cultural exchanges among historical and culturally-significant cities, whose respective cultural features and individuality are their unique and invaluable symbols, greatly contribute to the sustainable development and prosperity of their culture.

上例中用 whose respective cultural features and individuality are their unique and invaluable symbols 这一定语从句来传递“文化特色和个性是历史文化名城独特和珍贵的标志”这一次要信息。

2. 适当调整语序

在英译汉的过程中，常常可以调整句子的语序，通常具有以下几种情况。

（1）调整同位语的位置

例如：Delicious smell and succulent dishes were matched in brilliance by the Queen's costume, a heavy pink silk crepe dress, embroidered with clusters of peonies-famous Chinese flower-in rose pink jewels, pearls and crystal.

译文：女王身着粉红色重绉丝裙，裙子上是中国有名的花朵牡丹的刺绣图案：一簇簇牡丹花，盛开在玫瑰红的宝石、珍珠和水晶之中。华丽的衣裙和丰盛的美食，可谓是相得益彰。

该例的译文把同位语 China's national flower 提前，将它处理成定语，修饰名词牡丹。此外，译文对其他句子成分的顺序也做了较大的调整。在译文中，原文 the Queen's costume 的同位语被处理成为一个独立的句子，由原文的句末迁移至译文的开端。

（2）调整定语的位置

例如：This was an intelligently organized and fervent meeting in a packed Town Hall, with Mr. Strong in the chair.

译文：这是一场精心组织起来的会议，市政厅里济济一堂，热情洋溢，主持会议的是斯特朗先生。

如果将原文进行直译"这是一场组织精心、热情洋溢的会议，市政厅很拥挤，斯特朗先生是主席"，不仅读起来不通畅，而且"会议"前的形容词定语过重。此外，原文是倾向于褒扬的态度，因此"市政厅很拥挤"的翻译也不妥，上述译文更为恰当。

（3）调整状语的位置

例如：The 50th Guangzhou Trade Fair closes here today with its reputation intact as a bonanza for the first-time China trader and an important market for products from the world's largest nation.

译文：它是第一次来中国做生意的人的一块风水宝地，也是这个人口世界第一的国家推销其产品的一个重要市场，第 50 届广交会今天在此落下了帷幕，保持了昔日的荣誉。

with its reputation intact as a bonanza for the first-time China trader and an important market for products from the world's largest nation 是 with 引导的介词短语作状语，向读者补充介绍了广交会的作用和声誉，目的在于激发读者的阅读兴趣。这部分信息在原句中处于句子的末尾，但在译文中，这部分信息被一分为二，一部分置于句首，另一部分被置于句末。译文首先介绍了广交会的荣誉，为下面有关广交会的报道做好铺垫，最后在句末再次突出了广交会的成功，读起来通顺、自然，给读者留下深刻的印象。

3. 正确处理 said

英语新闻稿里引语较多，所以 said 也就到处可见。said 这个词准确、通俗、中立，没有感情色彩，能客观地表达讲话人的动作和意思。

在翻译与“说”有关的字词时，原则上是直译。如果是英译汉，可把said毫不迟疑地翻译成“说”字。如果是汉译英，原文可能使用不同的表达方式，如“指出”“表示”等，翻译时一般也可改译为said.

关于位置，在英语新闻稿中，“说”字（及其说话人）的位置比较灵活，既可以放在“有关内容”的前面，也可以放在后面，有时甚至插在这些内容的中间。例如：

The spokesman said, “The terrorist attack on New York and Washington is an act of war against all the people of America”.

“The terrorist attack on New York and Washington is an act of war against all the people of America.” the spokesman said.

“The terrorist attack on New York and Washington,” the spokesman said, “is an act of war against all the people of America.”

这些文字要译成汉语时，它们的表达方式却十分有限。以上三句话可以翻译为，这位发言人说：“对纽约和华盛顿的恐怖袭击是针对全体美国人民的战争行为。”

4. 把握褒贬界限

在英语新闻稿中，有一些字词和短语看似普通，十分中性，不带任何感情色彩，但在翻译时却可以根据背景知识或者上下文的情境来决定是褒还是贬。例如，ambition一词同时具有“雄心”和“野心”两种意思。再如，politician一词既可以理解为“政治家”，也可以理解成“政界人士”，还可以理解成“政客”。“政治家”属褒义，“政客”属贬义，“政界人士”大体是个中性的语汇。具体应该怎么翻译，则主要牵涉媒体的编辑方针或政治取向问题。

另外，还有些词汇的翻译会涉及感情取向问题，如动词to die，它的词义很简单，就是“死”的意思。但在汉语里，却可以译为仙逝、逝世、辞世、去世、过世、牺牲，也可以把它译为死了、死去、死掉、一命呜呼、见上帝等。这些字词有的比较中性，有的充满敬意，有的比较冷淡，有的幸灾乐祸，有的充满调侃意味。所有这些翻译都取决于译者对死者的态度。

5. 切勿滥用“被”字

英语中尤其是英语新闻中被动语态的使用较多。而在汉语中虽然也有被动语态，但使用得却不多，即使使用被动语态，汉语也往往不用标示词“被”

字。如果表达一个人被人打了一顿，汉语常说“他挨打了”，翻译中绝大多数被动语态也是可以这样处理的。但中国学生在学习翻译时，由于经验与水平有限，或者由于不愿多费脑筋，往往一见被动便用“被”字，结果译出的句子非常别扭。

例 1：The Chinese Table Tennis Team also visited a Manhattan public school, delighting the pupils and being delighted by them.

原译：中国乒乓球队还参观了曼哈顿的一所公立学校，使学生们很快乐，他们也被学生弄得很快乐。

上述译文从字面上看似乎没有错，但是很不符合汉语的表达习惯，而且被动句显得很生硬，似乎他们在遭受某种折磨而不是感到快乐。实际上，原文表达的是队员和学生之间的快乐是相互的，双方都乐在其中。因此，上述译文可改为：

中国乒乓球队还参观了曼哈顿的一所公立学校，队员和学生们都为这次见面感到高兴。

例 2：They brought forth a regulation which could never be conformed to, which it was impossible to follow.

原译：他们制定的这个法规，根本不可能被任何人遵照去做，更无法遵守。

上述译文中，“不可能被任何人遵照去做”与“无法遵守”意思相同，因此没必要重复。原文中的“遵照”为 be conformed to，“遵守”为 to follow，两者实际含义不同，前者被动，后者主动，即前半部分是“法规无法被群众遵守”，是被动式，后半部分的是“（政府）无法贯彻法规”，是主动式，整个句子实际上是从两个不同的角度说明法规的不可行。译文没有弄清两者之间细微的区别，只用文字上的差异来译不同的原文，结果表达方法虽不同，意思却无区别，都是从群众一方出发提出论证，不但未准确表达原意，而且造成译文重复啰唆。因此，应当改译如下：他们制定了一项根本无法遵守也无法付诸实施的法规。

从上述两个例子可以看出，在英语新闻翻译中，很多“被”是可以不用译出的。相反，去掉“被”字，译文会更加通顺。当然，我们并不是说所有情况都不能用“被”字，只要用得自然而恰当，完全可以用。我们强调的是不能强用和滥用，更不能不分场合地照搬，造成句子生硬别扭。

第二节　科技语体的翻译技能

一、科技英语的含义

科技英语是专门用途英语（English for Special Purposes，简称 ESP）的一个分支，是一种重要的英语语体。科技英语是随着科学技术的发展而形成的一种独立的语体形式。科技英语既涵盖自然科学领域的各种知识和技术，也包括社会科学的各个领域，如用英语撰写的有关自然科学和社会科学的学术著作、论文、实验报告、专利产品的说明书等。

随着我国科学技术与市场经济的迅速发展，社会对外语人才的需求重心也在发生着明显的变化。科技英语对于英语专业学生的重要性是不言而喻的，对其他文科学生和理科学生同样重要。大学学习离不开科技英语，日常阅读、各类考试、论文写作等都会涉及科技英语。学生踏入社会参加工作后离不开科技英语，无论是从事与科技相关的工作，还是从事其他工作，都会涉及科技英语。可见，不管是学习还是工作，不论是现在还是将来，科技英语都是必不可少的，与我们的生活息息相关。

二、科技语体的语言特征

（一）词汇特征

1. 使用简短词

如果一个单词太长，使用时比较麻烦，一般会使用简短词。例如：

lab = laboratory 实验室

phone = telephone 电话

2. 使用缩略词

缩略词是对词的音节进行简化和缩写而形成的新词或是用词的第一个字母代替一个词组的词。缩略词在科技语体中的应用非常普遍，使用缩略词既能体现科技语体的专业性，又可以缩减文章的篇幅。例如：

CPU = central process unit 中央处理器

FM = frequency modulation 调频

3. 运用专业或半专业词汇

科技语体中的词汇可以分为专业词汇和半专业词汇。这些词汇一般具有两个特性：一是同一个词往往具有两个或者两个以上的意义；二是同一个词往往同时归属两个或两个以上词类。例如，crane 这个词的本义是“鹤”，由于鹤的脖子具有细、长的特点，非常类似于吊车或起重机，所以 crane 又可以表示吊车或起重机的意思。

4. 使用复合词

复合词的普遍使用是科技语体的重要特点。在科技语体中，复合词大致有以下几种构造方式。

名词+名词。这是最常见的复合词构造方式，其中一个名词用来修饰或限定另一个名词，共同表达一个概念。

形容词+名词。在这种结构中，形容词用来描述或限定名词，形成一个新的名词。

动词+介词/副词。动词与介词或副词的组合可以形成一个新的名词或形容词，表示一个特定的动作或状态。

名词+动词。名词后面跟随一个动词，通常用来描述一个动作或过程。

动词+名词。这种结构通常表示动作的接受者或动作的执行者。

形容词+形容词。两个形容词组合在一起，用来形容一个名词，表达更具体的特征。

名词+介词+名词。在这种结构中，名词后面跟随一个介词，然后是另一个名词，共同构成一个新的名词。

动词+过去分词。动词和过去分词的组合通常用来形成形容词，描述某人或某物的状态。

5. 使用新词

近年来，随着科学技术突飞猛进的发展，许多科技新词如雨后春笋般涌现，并随着全球范围的科技交流活动，得以广泛、迅速地传播和使用。例如：

cyberspace 网络空间

nanotechnology 纳米技术

6. 使用外来词

在科技语体中，往往需要运用一些外来词汇，尤其是在表示人名、地名、商标名时，直接运用外来词汇成了最常见的手段。例如：

Boeing-737 波音 737 飞机（来自人名）

Brazilian pebble 巴西石英（来自地名）

Xerox 静电复印机（来自商标名）

sputnik 人造卫星（来自俄罗斯）

silo 导弹发射井（来自西班牙）

（二）句法特征

1. 使用被动句

科技英语所阐述的大多为客体，也就是客观的事物或现象，这往往需要在叙述过程中摒弃个人的主观情绪。要做到这一点，使用被动句便是一个很好的选择，因为被动句可以将客观事物作为叙述的重心，进一步说明客观事实，从而使文章的客观性得以提高。因此，被动句在科技英语中的应用非常普遍。

例如：Loss of efficiency in the boiler will be caused by the dissipation of heat through the walls of the combustion chamber.

译文：热量通过燃烧室的壁散失掉，将引起锅炉效率降低。

Loss of efficiency in the boiler（锅炉效率降低）由于处于话题的主位即句子主语位置上而得到强调。

2. 使用无人称句

在英语中，名词可分为有灵名词和无灵名词两类。顾名思义，有灵名词表示有生命体的名词，无灵名词则与之相反，主语为无灵名词的句子便叫作无人称句。虽说科技活动在很大程度上离不开“人”，但科技语体仍以报告自然规律以及具体的科技成果为主，所以这种语体的重要特征便是无人称句的广泛使用。

例 1：The engineering project promises well.

译文：这个工程项目大有希望。

例 2：The grinding machine refused to stop.

译文：磨床就是停不下来。

3. 使用虚拟语气

科技语体常常以某种假设为前提。这些假设很可能是极度理想化的、现实生活中几乎不可能发生的，这个时候虚拟语气的运用就十分必要了。

例 1：If all the ice in the world melted，the level of the sea would rise about 250 ft.

译文：如果地球上的冰都融化，海平面将升高大约 250 英尺。

例 2：If there were no oxygen in air，fuels would not be able to burn.

译文：空气中如果没有氧气，燃料就不可能燃烧。

上述的例子中均使用了虚拟语气，这些虚拟语气的使用就表示以上句子中所描述的情况发生的机率很小，甚至是完全不可能发生的。

4. 使用一般现在时

科技英语内容大多为客观事物的通常状态或是没有时限的自然现象。因此，科技英语的句子大多为一般现在时，这样可以更好地说明科学定义、定理、公式是不受时间限制的。除此之外，一般现在时的使用能给读者带来一种客观真实的感觉。

例如：As the insulin sweeps away the glucose into storage，the level of glucose in the blood naturally drops sometimes to even lower when it was before.

译文：随着胰岛素清除葡萄糖并使之积存起来，血液中的葡萄糖自然而然地下降——有时甚至低于以前的水平。

原句中描述的是医学领城的某一客观现象，没有时间的限制，因此使用一般现在时进行表达。

5. 使用复杂长句

科技语体的又一显著特征是惯用长而复杂的句子结构。因为在表述一些科学技术的复杂概念时，有时只有借助结构较复杂的句子才能将各种主从关系、逻辑关系以及意义上的不同层次清楚地表达出来。因此，若要使一个较为复杂的概念得以表述清楚且结构紧凑，使用复杂长句便是一个不错的选择。

例如：We learn that sodium or any of its compounds produces a spectrum having a bright yellow double line by noticing that there is no such line in the spectrum of light when sodium is not present，but that if the smallest quantity of sodium be thrown into the flame or other sources of light，the bright yellow line instantly appears.

译文：把很少的一点钠投入火焰或其他光源时，在光谱中就会立刻出现一条亮黄色的双线；当钠燃尽时，光谱中的这条线也消失了，由此我们知道钠或任何钠的化合物所产生的光谱都带有一条亮黄色的双线。

上述这个句子结构复杂，介词 by 引出方式状语，这个状语又带有两个并列的宾语从句 that... 和 but that...，而两个宾语从句又分别带有一个状语从句 when... 和 if...。

6. 惯用祈使句

科技英语常与实验、产品、仪器操作流程有关，需要运用祈使句来传达操作命令或建议，因此多使用动词原形或 should、must、don't。

例如：Wear safety glasses in an organic laboratory to protect your eyes.

译文：进入有机实验室要戴上安全镜，以保护眼睛。

7. 使用名词化结构

名词化结构是用一个名词词组或短语（主要是具有动词意义的名词+of+修饰语）来表示一个句子的意思。这一结构具有简洁、确切、严密、客观和信息量大的特点，因而在科技语体中大量使用。

例如：The substitution of rolling friction for sliding friction results in a considerable reduction in friction.

译文：以滚动摩擦代替滑动摩擦，可以大量减少摩擦阻力。

上面原文中的 substitution 和 reduction 均属名词化结构，使用这些名词不仅使句子更加简练，同时表达也更加客观准确。

（三）语篇特征

1. 语言质朴简洁

科技语体中的语言简洁、通俗易懂，道理的讲解一般深入浅出，语言结构简单直白。

2. 逻辑组织严密

科技语体的逻辑组织很严密，文章的层次分明，一般在段落的开头部分先用一句话来叙述段落的主题。

第三节　文学语体的翻译技能

一、文学语体的分类

文学历来就是一个难以归纳和定义的概念，不同的文学理论家对文学有着不同的定义。在文学作品中，作者会用文字传达思想感情，塑造生动的艺术形象，从而给读者带来一种特殊的感染力。文学语体与非文学语体的划分也不可能做到完全精确。与公文、科技文章等实用语体不同，文学作品通过或者优美生动，或者诙谐机警，或者幽默犀利的语言，以达到抒发情感、反映社会现实、揭示生存哲理等目的。用于文学欣赏的文学体裁主要包括小说、散文、诗歌、戏剧四种形式。

诗歌是作者以抒发强烈的情感为中心，通过丰富、新奇的想象和富有节奏、韵律的语言，集中、精练地反映社会生活。

小说是作者在文学写作过程中以塑造人物为中心，通过描述特定的故事情节和具体的生活环境，深刻地、多方位地反映社会生活。

散文最初的界限并不明显，人们将一切非诗歌、非小说、非戏剧的文学作品统称为散文，但随着现代生活的不断发展，杂文、传记文学、报告文学、科普小品等纷纷兴起并得到了充分的发育、生长。这时，人们把那种以创造情境为中心，通过广泛灵活的选材和情文并茂的构思，用短小精悍的真实性语言来反映社会生活的文章称为散文。

戏剧是一种综合性的艺术形式，它通过演员在舞台上的表演来呈现故事、表达情感和探讨思想。戏剧作品，也就是剧本，是为戏剧表演而创作的文本，它是戏剧艺术的核心和基础。剧本不仅包含了故事情节、角色对话和舞台指示，还蕴含了剧作家的创意、情感和对世界的理解。

不同于其他传递信息的文本，文学语体的翻译不仅要再现原作的语体风格，还要还原原作的语言艺术。茅盾先生在谈到文学翻译时阐述过，文学翻译是用另一种语言将原作的艺术意境传达出来，使读者在读译文的时候能够像读原作一样得到启发、感动和美的感觉。所以，文学语体的翻译不仅仅是语言外形变异的过程，而且是语言艺术的再创造过程。

二、文学语体的特点

（一）用词生动、优美，修辞丰富

文学作品的用词大多生动、优美。虽然某些文学作品中的有些部分由于纪实的特点和揭示现实的目的，语言文字不能算得上优美，但是也称得上生动。而丰富的修辞手法的运用正是文学作品达到语言优美、生动的一个重要手段。正是由于有了丰富的修辞手法，风格各异的作家和诗人，才能畅抒心意，指点江山，抨击时政，尽显世间百态。

（二）语言含义丰富

公文、科技文章等实用语体为了达到写作目的，都力求语言准确、意思清楚，忌讳产生歧义，造成理解的困难。因此，在这些语体当中，通常一句话只有一个明确的含义。而文学作品却力求使语言含义丰富，经常一语双关，甚至带有多重的含义。这样的文学作品才值得读者反复品味、细细咀嚼，每一次阅读都有新的收获、新的发现。读这样的文学作品如品香茗，久冲不淡，读完后还满口留香。因此才会有“说不尽的莎士比亚”。

（三）作者的风格在作品中有突出体现

公文、科技文章等实用语体，为了使读者能准确、迅速地理解其内容，达到传播思想和信息的目的，通常都有固定的格式和风格。而文学作品是作者思想情感的表达，是作为一种艺术用来被读者品味、欣赏的。因此文学作品是一种有个性的语体，作者风格的体现是文学作品不可或缺的。例如，我们不看作者的名字，光从诗歌的风格，就可以从诗歌的深沉、忧郁、忧国忧民，判断出那是诗圣杜甫之作；从诗歌的豪情万丈、风流潇洒，判断出是诗仙李白之作。文学作品的风格仿佛就是作品的灵魂，缺少了它，再美妙的文字也变得苍白无力。

因此，在对文学语体进行翻译的时候，我们就要注意文学作品的这三个特点。处理好作品当中的修辞手法，翻译出原文的修辞效果，充分理解文学作品中语句的多重含义，在翻译的时候不仅要译出其字面意思，还要注意不要丢失其隐含的意义。同时，不仅要准确地翻译出原作的内容，还要注意保留原作者的风格，否则即使翻译出了原作的主要内容，也不能算是一部好的翻译作品。

三、诗歌的翻译

（一）阐释性翻译

阐释性翻译是面对广大读者的文学翻译的方法。这种翻译方法追求的是诗歌的教学价值，追求保留原诗的意境美和音韵美，并在此基础上尽可能地保留原诗的形式美。

需要指出的是，阐释性翻译的结果往往会因译者的不同而不同，这是阐释性翻译的一个显著的特点。

（二）形式翻译

形式翻译是指译者照搬原文的翻译，某种意义上可以等同于直译。译者有时为了译文的学术价值，做到译文在形式上完全忠实于原文，会避免任何外来成分（包括社会、哲学史、文化成分）的介入。尽管这种翻译方法比较极端，但比较适合那些形式特殊，且意在通过这种特殊格式来与内容呼应，从而深化主题的英语诗歌的翻译。

但是，形式翻译法是一种比较极端的直译，不适用于所有形式特殊的英语诗歌，实际使用时应慎重。

（三）调整翻译

调整翻译介于阐释性翻译和形式翻译之间，是在尽量直译的基础上调整译文结构，使译文兼顾原文的形式、内容，同时符合译语表达习惯。

四、小说的翻译

（一）传译语境

所谓语境，就是语言环境，即运用语言进行交际的一定的具体场合。小说的语境就是特定语言创设的环境。翻译小说时，语境的传译也十分重要。因为，即使是相同的话语在不同的语境下也可能有不同的含义，一旦语境翻译得不正确，就会影响原文语义的传递。因此，传译语境是小说翻译中一个需要特别注意却又很容易被忽视的问题。

小说的语境受多种因素的制约，译者在翻译时要依据原作的总体语境和个别语境，选用恰当的词语和最佳的表达方式，以准确地再现原文的语境。

例如：There was much traffic at night and many mules on the road with boxes of ammunition on each side of their packsaddles and gray motor trucks that carried men, and other trucks with loads covered with canvas that moved slower in the traffic.

译文：夜间，这里运输繁忙，路上有许多骡子，鞍的两侧驮着弹药箱，灰色的卡车上装满了士兵，还有一些辎重车辆，用帆布盖着，在路上缓慢地行驶着。

《永别了，武器》这部小说本身是以战争为背景的，因而具有一种定向性。译者显然准确抓住了这一点，将字面含义比较宽泛的 men 翻译为具体的"士兵"，将 other trucks with loads 翻译为"辎重车"，这就与小说的背景相吻合，同时也使字里行间弥漫着浓重的战争气息。

（二）传译人物特点

人物刻画是小说创作中极为关键的一个方面。人物刻画得是否到位往往直接影响着小说写作目的能否实现。因此，在翻译的过程中，译者要用心选词，寻找恰当的表达方式，将小说中的人物特点忠实地重现出来，以给读者留下深刻、鲜明的印象，使译文产生与原文同样的效果。

例如："I'm trying to get Mom to let me bring you home." Jamie told the creature. "I know you're not really a per. You're a friend... sort of. But I can't let you stay out here in the cold. Winter's coming soon. It gets really cold here then. And sometimes Mom does not let me go outside when it snows."

译文：杰米对小动物说："我会想办法让妈妈同意把你领回家的。因为，你不是宠物，其实呀——你是我的朋友。可不能让你待在这冰冰凉凉的地方。冬天要来了，这里会很冷很冷的。下雪后，妈妈就不会让我随便出来了。"

本例是来自一个九岁的小男孩对一只小狗所说的话。原文字里行间无不渗透着孩子的稚气和童真。考虑到这一点，译文也采用了相应的语气和孩子气的语言再现人物特点。

（三）传译风格

每位小说家都有属于自己的语言风格，或活泼，或简洁，或严谨，或幽默，这也是他们的作品之所以优秀的一大原因。因此，在翻译不同作家的小说时，译者不仅要准确地传达原文的内容，还要忠实地再现原文的风格，否则译文就遗失了原文的灵魂，也无法使译语读者读到原汁原味的外国文学作品。

在实际的翻译过程中，要想忠实地再现原文风格，译者应该了解作者的创作个性、创作意图、创作方法、创作背景以及作者的世界观、人生观等，这样译者才有可能更深刻地理解原文，更好地再现原文风格。例如，马克·吐温的小说通常具有幽默诙谐、口语化的语言特点，抓住了这一特点，翻译时就应注意使用口语化的、轻松诙谐的译语。显然，译文做到了这一点，较好地还原了原文的语言风格。

五、散文的翻译

一般而言，散文可以分为正式散文和非正式散文两类。前者用词讲究，结构严谨，逻辑性强；而后者则语言浅显，结构松散，轻松自然。根据写作目的和手法的不同，散文又可以分为记叙性散文、描写性散文、说明性散文和议论性散文。

（一）记叙性散文的翻译

记叙性散文通常是对亲身经历或听到、读到的故事传说、奇闻逸事的叙述。翻译记叙性散文时，需要注意作者个性、写作风格的传递，即要忠实地传达原作的风格与韵味。

（二）议论性散文的翻译

议论性散文是作者就某一问题展开分析、评论，表明自己观点的文体。议论性散文具有很强的说理性质，因此大多具有用词讲究、结构严谨、风格凝重等特点。为了增加文章的说服力，议论性散文不仅使用逻辑推理性的方法来诉诸理性，也会用打动人心的论点来诉诸情感。因此，在翻译议论性散文的时候也必须注意这些特点，力求译文精练、准确、严谨，以理服人，以情动人，将原文的说服力重现出来。

（三）描写性散文的翻译

描写性散文通常具有很强的抒情风格和形象性、直觉性、情感性的特点。描写的对象多是人、景、物。写人是为了树立个人形象，进而表达对生活的感受和认识；写景是为了营造气氛，抒发情怀；而写物则是为了托物言志，寄托志趣。与其他散文类型相比，描写性散文的语言更加清新、诗意。因此，翻译时也必须体现描写性散文的这一风格及写作意图，使用清新、生动的译语，使译文和原文一样优美。

（四）说明性散文的翻译

说明性散文是就某一主题进行阐述的文章。换言之，说明性散文是对事物的发生、发展、结果、特征、性质、状态、功能等进行阐述的一种文章。说明性散文通常具有用词精确、结构严谨、逻辑性强的特点。因此，说明性散文的翻译也必须遵从这些特征，注意选词造句。

六、戏剧的翻译

戏剧艺术是一种综合的艺术，它是通过舞台演出将剧中所反映的生活情景直接呈现在观众面前的一种艺术形式。除了剧本外，它包括美术、布景、灯光、音乐、道具、舞台设置等多个方面。严格说来，我们这里所说的戏剧只是指剧本。

在中国，戏剧可以泛指戏曲、歌剧、话剧，有时候也专指话剧。在西方，戏剧就是指话剧。根据不同的分类标准，西方的戏剧又可以分为悲剧和喜剧，诗剧和自然主义戏剧，或者是历史剧和现代剧等。

戏剧语言主要由三个部分组成：布景说明、演员动作说明和台词。台词是戏剧语言的主要组成部分。剧中人物性格的刻画和故事情节的发展都通过台词完成。台词有三种形式：对白、独白和旁白。对白指人物间的对话，这是台词的主要组成部分；独白是人物的内心活动的袒露：而旁白则是指剧中某个人物背着别的人物对观众的交代。

作为一种与诗歌、小说、散文不同的特殊的文学形式，戏剧不仅可以供人阅读，还要用于演出，供观众欣赏。因此，戏剧有其自身独特的个性。首先，由于戏剧不仅用于阅读，其最重要的作用是用于演出。所以，一方面，戏剧的台词要方便演员在舞台上进行演出，念起来不觉拗口：另一方面，由于演员的对话转瞬即逝，戏剧的台词还要使观众能轻松地明白演员所讲，不至于在理解上有困难。因此，戏剧的语言通常口语化，通俗易懂，以使读者顺眼，观众入耳，演员顺口。口语化、通俗化是戏剧语言的一个突出特点。其次，与小说不同，戏剧中没有叙述者，不允许作者对人物的思想活动、表情变化等进行描述，故事情节的发展、人物性格的塑造，以及人物语气的轻重缓急、人物性格的轻微变化都只能通过人物的对话进行。

因此，与小说相比，戏剧中人物的语言就必须更为个性化，更具有动作性。人物语言的个性化和动作性是戏剧语言的另一个特征。再者，戏剧要打动观众，其音韵和节奏也是关键因素。优美的节奏和韵律使得戏剧更容易被观众接受，更容易在观众中流传。19 世纪之前的西方剧作家，如索福克勒斯(Sophocles)、莎士比亚等都特别注重戏剧语言的节奏和音韵美，用诗歌来创作剧本。他们戏剧中那些充满着音乐美的台词给人们留下了深刻的印象，成为戏剧台词中的经典之作。因此，音韵和节奏美是戏剧语言的又一特征。

第四节　广告语体的翻译技能

一、广告的概念

广告，顾名思义，就是广而告之，泛指一切不针对特定对象的公告，包括公益广告、旅游广告、商业广告等。英语中的 advertise（广告）一词源于拉丁语 advertere，意思是“唤起大众对某种事物的注意，并诱导于一定的方向所使用的一种手段”。目前，各国学者对广告的解释在文字上有所不同。其中一种比较常见的定义是：广告是向公众介绍商品、报道服务内容或文娱体育节目等的一种宣传方式。这个定义包含两层意思：一是广告是告知社会各界广大公众的一种宣传活动；二是广告是需要通过一定的媒介来进行宣传的。

二、广告语体的构成

（一）标题

标题是广告的核心，是表现广告主题的短文或短句。尤其在印刷广告中，标题是举足轻重的。标题一般选用较大的字体，常常位于整个广告的醒目位置。标题具体来说可以分为以下三种。

1. 直接标题

直接标题最简单的形式就是以厂商名和商品名为命题；还有一种表现形式是把产品的名称、功用和特点直接告诉消费者。有时，商家为了吸引消费者的注意，通常采用一些特殊方法，如使用特殊句式或者对字体的形式进行进一步的修饰，以扩大其受众群。

例1：Learn English

例2：Quickly!

该标题使用了感叹句式，在字体、格式和句式上都进行了处理。整个广告标题显得精练醒目、直截了当、主题分明，易引起消费者的注意力。

2. 间接标题

间接标题是指在标题中并不直接向受众展示产品的直接信息，如不直接揭示产品的名称等，而是运用耐人寻味的艺术化语言，以迂回曲折的方式吸引消费者的注意和兴趣，如“吃出来的美丽”（某养生食品广告标题）。

例如：Saturday night on Sunday morning

该标题在句子的结构安排上故意颠倒时间、违反常规，吸引消费者的注意，引发消费者的兴趣和思考，促使消费者在充满好奇的情况下对广告的正文进行深入探究。该广告的含义是该录像机可以把周六精彩的节目录下来，到周日早晨再重放。该标题既新奇又耐人寻味，充分起到了宣传和吸引消费者注意力的目的。

3. 复合标题

复合标题是指在标题中兼有直接标题和间接标题的双重性质，即把二者有机地结合起来，既指出产品的特性，又运用某种艺术手段对标题进行处理，使之引人注目，具有趣味性。

（二）正文

正文是广告的中心，是标题的延伸，在广告文案中处于主体地位。它对商品的特征、功效、使用方法及售后服务等提供详细的说明，继而说服消费者，促使消费者采取行动。根据体裁、风格、手法等，广告正文可分为以下几种类型：信息型、情感型、叙事型、对话或独白型、幽默型、诗歌型。

（三）口号

口号也称“广告中心词”“广告语”“广告主题句”“广告中心用语”“广告标语”等。广告口号是用浓缩的文字把企业或商品的特性及优点表达出来，其主要目的是维护广告运动的连续性，吸引消费者的兴趣，促使产品的更好销售。广告口号虽只有寥寥几个字，却能阐明立意、激发兴趣、宣传产品和引发受众行动，它能维持一则广告的连续性，多采用完整的短句形式，朗朗上口，便于记忆。广告口号的位置较为灵活，可以置于正文前面、中间或末尾。

（四）商标

商标就是商品生产者或经营者为了使自己生产或销售的商品或服务在市场上同其他商品生产者或经营者的商品或服务相区别而使用的一种标记。商标通常由文字或图形单独构成，或由文字、图形组合构成。

商标一般由商标牌号和商标的视觉标记组成。牌号是商标的名称，也是商品质量的重要标记，一些消费者购买商品时首先认准牌号。视觉标记，即商标图案，也是广告的一个组成部分。

三、广告语体的特点

（一）词汇特征

1. 使用单音节动词

单音节动词通常都很简练且朗朗上口，而这正好符合广告对语言的要求，因此广告语体中经常使用单音节动词。此外，由于单音节动词也是人们使用最多的基本的口语词汇，因此可以帮助广告语言简明易懂，这样既能使消费者看得明白，又节约了广告费用。

2. 使用复合词

除了使用单音节动词，广告语体中还会使用复合词。复合词是指把两个或两个以上的词，按照一定的次序排列构成新的词组。复合词组被广泛地应用于广告语体中，成为广告语体的一大特色。复合词的构词成分可以是任何一类，比较灵活多变，而且结构紧凑，因此能有效体现广告的创意精神，使人产生深刻的印象。

3. 使用缩略词

缩略词是指把原词中某些字母缩略掉，仅保留其有表意性的字母，且不能构成读字的音节。由于缩略词具有节省篇幅、降低广告费用、使行文简洁的优点，因此它也是现代英语中常用的构词法之一。

4. 使用形容词及其比较级与最高级

为了推销产品，广告撰写人通常会对自己的商品进行美化粉饰，这就需要大量地使用形容词，尤其是那些评价性的形容词。因此，广告中常常使用大量褒义的、赞美的形容词及其比较级和最高级来说明产品的性能、品质及优点。广告英语中经常使用的形容词包括：new、fine、good/better/best、crisp、great、free、fresh、real、easy、full、sure、bright、clean、special、safe、rich、extra 等。

5. 使用人称代词

为了使顾客对产品感到亲切并具有参与感，广告中经常使用人称代词，尤其是第二人称 you。使用人称代词可以在无形中拉近商家与顾客之间的距离，也体现了商家处处为顾客着想的心思。

例 1：She usually complains about my anniversary gifts，but this year she is going to smile.

例 2：We made this watch for you-to be part of your life-simply because this is the way. we always make watches. And if we may draw a conclusion，it will be this：choose once and choose well.

以上两个例子分别是香水广告和手表广告，其中 she、we、your 等人称代词的使用可以让顾客感觉到如同和商家在进行面对面的交流，从而增添身临其境的亲切感和对商家的信任度。

6. 创造新词

为了强化广告的鼓动效应，广告语中经常使用词汇的变异手段创造出一些生词、怪词，如故意将人们所熟知的词拼错，或是将已有的词加上前缀或后缀，或者直接新造合成词。创造新词最主要的目的在于吸引消费者的注意力。从心理学的角度来说，广告对消费者的吸引力主要来自其语言的新奇与出人意料，从而激发进一步的阅读兴趣。此外，创造新词还有利于让消费者形象地联想到其产品的独特性，并提升广告的新鲜感。例如：

Krazy Clearance

Toy Sale Continues

这是一则清仓拍卖广告，其中故意将 Crazy 错拼为 Krazy，既用错拼新词的形式吸引了消费者的注意，又表达了“疯狂甩卖”以致头脑发昏、写字不清的语义，从而起到了出奇制胜的效果。

7. 借用外来语

随着经济全球化的不断深入以及世界贸易的不断发展，现代各国的很多商品都是直接由外国进口；或是虽由本国生产，却富有异国风味。体现在产品广告中，就经常出现外语字眼，以体现产品所拥有的异国风味或较高质量，从而吸引消费者的注意。

（二）句法特征

1. 使用简单句

广告的最终目的在于吸引消费者的视觉和听觉，从而鼓动他们去购买其产品。而复杂的广告往往会使消费者感到厌烦，这样，广告的目的就难以达到。因此，简单清晰且口语化的句子既节奏急促、跳跃性强，又易于使消费者记忆并留下深刻印象，从而激发消费者的购买欲望。

2. 使用省略句

广告英语由于受时间、空间、篇幅、费用等多种因素的限制，经常采用省略句。广告英语中的省略句往往可以省略主语、谓语、宾语或其他成分。

3. 使用疑问句

广告英语中经常频繁使用疑问句，这是因为疑问句很容易唤起消费者对产品的好奇心和兴趣，从而引起消费者的注意，并使他们对所提出的问题进行进一步的思考。通常来说，当一个问题提出后，人们会很自然地加以考虑，这就会促使他们采取消费的实际行动。

4. 使用祈使句

由于广告是一种特殊的实用语体，因此其内容和形式都受到广告的特殊语体形式的限制。由于祈使句本身就含有较强的劝说鼓动的效果，这正合广告实施其引导功能的目的，因此，商业广告经常采用鼓动性的祈使句。

5. 使用并列句

广告语中经常使用并列平行的句子结构，而较少使用主从结构。并列结构一般都简单明了、便于理解，且比一般完整的句子更具有说服力，能给人留下深刻的印象。

6. 使用分离句

分离句的使用是广告英语中所独有的现象，它利用句号、分号、连字号、破折号等将句子切割出来，形成更短的结构。也就是说，将句子分割成更多的信息结构单位，在增大信息量的同时节省空间和费用。而被分割出来的部分往往就是该产品的特征，从而达到强调、突出的宣传效果。

7. 少用否定句

广告主要用于向消费者介绍某种产品的性能及优点，从而激发消费者购买的欲望，因此广告语多从肯定的意义出发进行创造，否定式的结构在广告英语中并不多见。当然，也并非完全不能使用否定句，只不过在使用否定结构时，其目的是强调产品的特别优点。

四、广告语体的翻译

（一）直译

直译又称“语义翻译”或“异化翻译”，它是指把原文的语法结构转换为译文语言中最近似的对应结构，且词汇依然一一对译，译文既要保留原文内容又要保留原文形式。当原文的语句结构较简单完整、意思较明确，按字面意思翻译能同时表达其表层意思和深层意思时，应该采用直译法。

（二）意译

由于英汉两种语言和文化的巨大差异，有时不能局限于字面意思进行翻译，而是取原文内容舍弃其形式进行翻译。意译是一个相对直译而言的概念，通常只取原文的内容而舍弃其形式。这种译法较为自由、灵活。译者可以适当进行创造和创新，但仍要保持原文的基本信息，使译文从消费者角度看比较地道，可接受性较强。

（三）音译

在广告英语中使用较多的音译技巧主要有两种，一种是非联想音译，另一种是联想音译。

1. 非联想音译

非联想音译指的是纯音译，其在翻译汉语广告中的一些组合时只起到标音的作用，不构成会导致联想的字义组合。

2. 联想音译

联想音译中的汉字组合除了具有标音的作用之外，还构成了会导致某种联想的字义组合，其联想性有表意型和误导型。

（四）增译

增译是指对原文的某些关键词的词义进行挖掘、引申或扩充，将原文的深层意思加以发挥，从而使译文的隐含意义凸显出来，并超越原文。

（五）创译

创译是指再创型翻译。顾名思义，创译法已基本脱离原品牌名称发音及含义，依据的是产品的具体情况及当地的语言或风俗习惯，故这种译法又被称为“改译”。

（六）套译

翻译广告时，首先要对原文有充分的理解，否则就不会有准确的表达。英语中的不少广告借用现成的成语、谚语、短语等来获得文体效果以达到预期的目的，译文可以套用汉语中一些现成的表达形式或固定的结构框架，做到译文与原文相契合，传达出广告原文的语言内涵。

（七）拆译

由于英汉两种语言在表达形式、惯用法、结构等方面截然不同，在多数情况下，广告翻译不能照字面直译，否则将丢失原广告的信息。要完整地传达出原广告的语言内涵并尽可能地使译文具有相同的宣传效应，拆分法不失为一个有效途径，它可以充分地传达出原广告的语义，把原广告中的含蓄语义呈现给读者。

（八）浓缩译

由于原语文本的对象是原语文化受众，而译语文本的对象是译语文化受众，因此译者在翻译过程中应考虑两个文本的受众在文化环境、生存环境等方面的差异，对原语信息进行筛选和重组，使译文语言保持简洁、精练，具有可读性。

（九）四字译

有时在进行广告翻译时，出于中文表达习惯，采用四字词语，可使译文言简意赅，寓意深长。

（十）不译

“不译”算不上是翻译，却是在广告翻译中经常出现的情况。具体来说，当广告口号的原文特别短小精悍，但又一时无法译出同样惟妙惟肖、朗朗上口的对应译文时，可以将部分英文广告词原封不动地译入，或将该广告口号以原文的形式保留下来。实际上，从整体视觉效果来看，有时不译法更加引人入胜，甚至出奇制胜。此外，新企业、新品牌、新产品系列的名称或老企业的新产品系列的名称往往也不必翻译出来。

第五节　法律语体的翻译技能

一、法律语言的概念

法律语言指表述法律科学概念以及诉讼或非诉讼法律事务时所用的语种或某一语种的部分用语，后来也用来指某些具有特定法律意义的词语，并逐渐运用于语言的其他层面，如法律用语、法庭用语、法律文句等。

法律语言主要分为两大系统，即立法语言与司法语言，前者指的是规范性法律文件用语，后者则是法律工作者在具体执法过程中使用的语言。法律英语通常分为口语与书面语，人们一般了解的法律英语是法律书面语。法律书面语的语言务必精确，且要有规范性，不同于我们在平时交际中所用的语言。

二、法律语体的语言特点

（一）使用法律术语

术语，就是某一领域的专门用语。法律术语是用来准确表达特有的法律概念的专门用语，具有明确的、特定的法律含义，是法律英语的精髓。使用法律术语的目的就是保持词义在法律英语中的精确性。这类术语的数量相当可观。例如：

agency 代理机构

agent 代理人

conveyance 财产转让/转让

variance（诉状与供词之间）不一致

（二）使用模糊词语

法律语言讲究严谨精准，法律文件的起草者也极为重视这一点。但从语义的角度来分析，绝对精准的表达往往很难表示出全部的内容，因为还有一些处在两个绝对值之间的、表示中间状态的词语。在这个时候，就需要用一些较为含混、容易变通的词语去表示相应的法律内容，这样表达模糊语义的语言就叫作模糊语言。例如：

compelling 强制的

consequential 相应而生的；接着发生的

due process 正当程序

duly 正当地；适当地

（三）使用法律行话

由于工作、活动上的共同性，一些群体尤其是掌握独特知识或技能的群体，在相互交流交往的过程中会逐渐发展出一种特殊的、与其他群体相区别的话语体系，这就是我们所说的“行话”。行话具有两大优势：一是可以使行业内部人员的交流效率得以提高；二是使外行人对这个不甚了解的行业产生敬畏之心。法律行话，就是我们平常所指的“法言法语”。例如：

subrogation 代位权

damages 损害赔偿金

day in court 出庭日

（四）使用古英语和中世纪英语

古旧词汇在法律英语中出现的频率也很高，具体指古英语词汇和中世纪英语词汇。古英语和中世纪英语词汇的运用可以凸显法律英语严肃、简练、权威、庄重等特点。这些古旧词汇在现实生活中使用较少。例如：

belike 大概，或许

haply 偶然地，碰巧地

hereafter 此后

hereby 特此

（五）使用成对近义词

在某些情况下，法律英语会连续使用两三个内涵相同或相近的词语来表达相应的概念，这种做法看似很烦琐，但更能表现出法律语言的准确性、严密性和完整性。下面是法律语体中常见的成对近义词。

all and every

all and singular

annul and set aside

any and all

assume and agree

（六）使用赘言赘语

赘言赘语即反复地表达一个意思或者使用同义词，亦即经常使用配对词和三联词来表达法律上本来只需要一个词就能表达的概念。配对词和三联词指用两个或三个意思相近或者相同的赘词构成一个短语以表达法律上只需要用一个词就能表达的概念。这些词表示固定的意义，使用时不能随意拆开。赘言的使用是法律文本行文的一大特色，其作用主要有两个：一是使所表达的意思更加严密准确；二是使所强调的语气更加强烈。这突出表现了法律英语语言的严谨性。下面列举一些在法律语体中常见的赘言赘语。

breaking and entering 闯入

due and payable 到期应付的

goods and chattels 货物与动产

have and hold 持有

（七）使用拉丁词语

拉丁词语言简意赅、表达标准、历史悠久，有助于体现法律语体的严谨和庄重，因此拉丁语在法律语言中处于权威性的地位。英语国家的居民，尤其是从事法律研究的人，把拉丁文视为高深学问的基础。例如：

affidavit 誓章，证词

alibi 不在犯罪现场证明

bona fides 真诚

三、法律语体的句法特点

（一）使用名词化结构

在英语法律文献中常使用名词化结构是为了提高语言的准确性、严谨性以及正式程度。表示动作或状态的抽象名词，或是起名词作用的非谓语动词就是名词化词语。为了避免使用人称主语，进而防止句子结构臃肿，我们可以使用名词化结构。同时，名词化结构可以表达精细复杂的思想观念，其组合方式较多，意义容量非常大，适宜精细复杂的思想观念的表达。

（二）使用套语

在法律的实践中，渐渐形成了使用套语法律语言的形式。其语体相对稳定，语言趋于高度专业化。比如，英语立法文本的序言部分通常采用在法律英语中经常出现的一些套语，如 whereas、in view of、considering、given that 等引导的句型范式，还有不少 means、includes、refers to 的惯用结构。而“本法所指的……是指……”是汉语立法文本的序言中通常采用的句型范式。

（三）使用陈述句

陈述句在法律文本中也经常出现。由于法律文书是用来确认法律关系、贯彻法律条令、规定人们的权利和义务以及陈述案件事实的专用公文，因此不容许有丝毫的引申、推理或抒发和表达感情的特点，所以法律文件的基本句式通常是陈述句结构，没有感叹句和疑问句。

（四）使用被动句

被动句式规定了人们拥有的权利和应该履行的义务，它比其他句式更看重动作本身，可以使法律英语的公平、严肃更加凸显，并对有关事项进行客观的描述和规定。

（五）使用复合句

法律语言复合句式中各句子之间的逻辑关系通过各句之间的逻辑意思关系来体现，根据句子间不同的意思关系可将复合句分为假设、目的、选择、并列、解释等类型。

1. 假设复合句

假设复合句中的分句表示假设后果的逻辑关系，即分句中提出一种假设情况，主句中说明该假设变为现实的后果，常用“if”等形式。

2. 目的复合句

目的复合句指完整句中各分句存在表达目的的逻辑关系。由于法律的制定和实施都是为了达到某一或某些目的，法律语言大量使用目的复合句来显示某种行为存在的目的逻辑关系，多采用“in order to”“for the purpose of”等形式。

3. 选择复合句

选择复合句可通过不同的分句将某一事物存在的多种情况列举出来，并要求从中选择一种。选择复合句在法律英语中多用来表示列举性的关系，常用“or”或“nor”来表达。

4. 并列复合句

并列复合句是由两个或两个以上相互联系的分句组成的复合句，各分句分别叙说相关的几件事或同一个事物的几个方面。法律英语中通过并列复合句的使用将某一事物各个方面的含义解释清楚，从而确保法律语言的周密性。

5. 解释复合句

解释复合句表示分句之间存在解释、说明关系。在法律英语中的解释复合句一般指的是后面的分句对前面分句的解释、说明，且较多采用总分和并列陈述的方式。

（六）使用完整句

为了使信息可以被完整地陈述，避免句子因为省略或者缺乏必要内容而产生错误或歧义，除了使用陈述句式外，还要使用完整句，因此法律英语句子还应具有完整性特征。

例如：Drafts and documents must be presented by the beneficiary to the negotiating bank or drawer bank within twenty-one （21） days after the date of issuance of transport documents but within the validity of this credit.

此例对交单议付做出了明确规定，对施体、受体、时间、方式、场所等进行了详尽说明。

（七）使用长句

据统计，法律英语文件中，句子的平均长度为 271 个单词，而科技英语句子的平均长度为 27.6 个单词。这说明，法律英语文本句子的长度要远远大于其他语体。

四、法律语体的翻译

（一）直译

直译法可以强调语体的庄重性和语言的严谨性及严密性。

直译的特点：①字面对应。直译强调源语言和目标语言之间的直接对应关系，每个单词或短语都尽可能找到对应的翻译。②保持原意。直译的目的是尽可能忠实地传达原文的意思，不添加或省略任何信息。③忽略文化差异。在直译中，翻译者通常不考虑源语言和目标语言之间的文化差异，而是专注于文字的直接转换。④可能的不自然。由于直译可能不考虑目标语言的语言习惯和文化背景，所以有时直译的结果可能在目标语言中显得不自然或难以理解。

（二）重复

为了使法律的规定表述得更加清楚，没有理解方面的错误，通常使用重复法。

注意事项：①适度使用。虽然重复法在法律翻译中是一个有效的工具，但过度使用可能会导致文本显得冗长和重复，影响阅读体验。②保持一致性。在使用重复法时，翻译者应确保重复的信息在全文中保持一致，避免产生矛盾或混淆。③考虑目标语言习惯。不同的语言和文化对重复的容忍度可能不同。翻译者应考虑目标语言的表达习惯，适当调整重复的使用。③避免机械重复。在法律翻译中，应避免简单的机械重复，而是通过变化句式、使用同义词或近义词等方式，使重复更加自然和流畅。

（三）词性转换

英汉分属于两种不同的语系，二者在语言使用习惯上也存在着很大的差异性，这对英汉互译提出了挑战。英汉两种语言在使用过程中并非都是完全对应的，因此在翻译中进行本土化翻译，必要时改变一下词性是十分重要的。

但是需要注意的是，翻译过程中的词性转换需要遵循一定的原则，并不是随意的。词性转换应该最大程度上使译文简洁流畅，同时不违背原文含义。我们应该根据具体的文章特点采用灵活的词性转换策略。

（四）增补

增补即为了使译文将原文的意思表述得更加严谨、简洁，使译文更贴近原文本身，在基础层面上添加必要的单词、词组或句子的方法。增补法忠实了原文，保证了译文的质量，增加了原文字面中没有的含义。

（五）省略

省略指将原文里表述的内容，在译文中显得多余的部分省略掉的翻译方法。翻译时除增补适当的词语之外，还应当考虑英汉语言在表达习惯、文化等方面的差异，要适当省略某些语言成分。需要指出的是，省略是减词不减意，目的是更符合译语的表达习惯，使译文意思更明确，文字更加流畅。

（六）调整语序

为了使译文更符合原语的表达习惯，依照逻辑关系等将原文中的部分内容变换，重新排列。汉语是一种含蓄性的语言，习惯将中心思想放到句中或段尾，而英语习惯将句子的中心和重点放在句首。在翻译过程中，译者就需要根据具体情况进行语序上的调整。

（七）长句拆译

长句拆译即切断原文句子，化长为短，或者将原文拆散，重新组织。英语法律文献中存在较多信息量较大的长句。翻译时，如果不能理清各个句子之间的复杂关系就无法译得正确、通顺、自然。

第六节　旅游语体的翻译技能

目前，旅游业逐渐发展为全球重要的新兴产业。改革开放后，我国的旅游业发展迅猛，随着出境游及入境游的旅客不断增多，旅游从业人员的队伍逐渐庞大，如何更好地使境外游客听懂我们的导游语言，更好地把我国壮丽的河山和灿烂的文化介绍给世界，以及如何使国民了解更多的国外风景，引起越来越多的学者及旅游界人士的关注。旅游语体的翻译受到越来越多的重视。

一、旅游语体的特点

旅游语体又名导游解说词，是导游在指导游览时进行讲解、传播文化、交流感情所使用的语言。它是一种比较特殊的文本，是通过外语导游之口直接说给外国旅游者听的。译成外语的旅游语体通常是供导游在途中、景点、娱乐场所、商店或餐厅时进行口头讲解服务用的，它不同于即兴发挥的“现场导游”（on the spot introduction）和“途中导游”（on the way introduction）。前者是事先翻译好的，而后者则需临场发挥。然而，尽管旅游语体是事先翻译好的，但它又具有自身的独特之处，不同于一般的笔译。总的来说，旅游语体具有以下三个特点。

（一）旅游语体着眼于口头表达

旅游语体可以传递相关信息，从而指引游客顺利进行各项活动，使其在收获相关知识的同时得到独特的体验。我们知道，旅游语体是导游提前准备好的。在实际的导游过程中，游客往往是通过听觉获取导游所讲述的信息，这一过程不同于阅读，游客可以思考的时间是有限的，如果使用过多的书面语言、过于复杂的句子，难免会给游客的理解造成障碍，达不到预期的目的。而简明扼要、通俗易懂、生动活泼的句子不仅短小精悍，表意明确，具有很好的表意传情功能，还能产生铿锵有力的效果。因此，旅游语体通常使用简练、通俗的语言。

（二）旅游语体中涉及的文化点较多

旅游语体中对景点的介绍必将包括众多的人文景观，涉及许多人名及地名的介绍，触及许多文化点。例如，介绍国内风光的旅游语体中就经常涉及历史人物、古诗词、历史典故、风土民俗等，国外的景点介绍也不例外。

例如：今天我向各位介绍号称我国五岳之首的泰山，这五岳为东岳的泰山、南岳的衡山、西岳的华山、北岳的恒山和中岳的嵩山。

其中的“岳”字在英语中是无论如何也找不出文化对应词，只好翻译为“great mountain”，虽然这样翻译失去了原有的文化意味，但也是不得已之举。

译文：Today I'd like to introduce Mount Tai，crowned as the most famous of China's five great mountains，namely，Mount Tai in East China. The Heng shan Mountain in South China，the Huashan Mountain in West China，the Hengshan Mountain in North China and the Songshan Mountain in Central China.

（三）旅游语体中涉及的专有名词较多

由于旅游语体所涉及的知识面较广，其必将涉及许多专有名词。例如，盂兰盆（Ullabana）、罗汉（arhat）、禅堂（meditation hall）、施主（benefactor）、亭（pavilion）、拱桥（arch bridge）、台（terrace）、长堤（causeway）、曲径（zigzagpath）、喀斯特地貌（Karst）、兵马俑（the Terracotta Warriors and Horses）、敦煌的“飞天”（Flying Apsaras）、峨眉山的

“普贤真人”（Samantabhadra）等都是专有名词。在翻译这类词汇时，要特别注意其特殊的译法，避免牵强附会，作出不恰当的解释。这就需要译者具备广阔的知识面和良好的专业水平。

二、旅游语体的翻译标准

旅游语体主要是供导游讲解服务用的，优秀的旅游语体翻译既要忠实地再现原文，又要拥有良好的现场效果，使游客没有理解方面的困难，并给游客带来美的感受。同时，要通过对文化点的讲解起到传播文化的作用。

（一）旅游语体翻译的准确性

翻译的准确性是判断一个翻译是好是坏的重要标志，翻译旅游语体时也要注意这一点。虽然旅游语体经常涉及一些文化概念或者专有名词，在翻译的时候不得不采取一些变通的译法，但这并不意味着旅游语体的翻译可以脱离原文，随意发挥。丧失了准确性的旅游语体翻译只会误导游客，给游客的理解造成困难。

例如：“芙蓉，有木芙蓉和水芙蓉。”这句话可以译为：There are two kinds of lotus, cotton rose and lotus flower. 但是，中文的芙蓉既可以指锦葵科木槿属的木芙蓉，又可以指莲科莲属的水芙蓉——荷花，而英文中的“lotus”只是指荷花。因此，这句译文是欠准确的，难免使游客迷惑。

准确地翻译旅游语体不仅要求译者要有广阔的知识面，良好的专业水平，还要求译者要有负责的态度，敬业的精神，要广泛地查阅各方面资料，以做到翻译准确无误。

（二）旅游语体翻译的现场效果

旅游语体是导游在旅游途中，说给游客听的现场解说词。因此，导游解说词良好的现场效果就非常重要。这就要求旅游语体的翻译不仅应该通俗易懂，还应该灵活处理，清除影响游客理解的障碍。与此同时，要保留原文中的文化内涵和美的韵味，从而使游客较为轻松地听懂旅游语体的内容，并通过旅游语体获得对景点足够的认识，获得美的感受。

例如：开元寺建于唐垂拱二年。

译文：The Kai Yuan Temple was built in the 2nd year of Chui Gong of the

Tang Dynasty.

这种翻译就会给外国游客造成理解困难，除非具有很好的中国历史水平，外国游客实在不明白“Chui Gong”是什么。因此，译者在翻译的时候就有必要对“垂拱”进行解释，或者就译为“The Kai Yuan Temple was built in the Tang Dynasty，about 1300 years ago”，这样还更易理解。

三、旅游语体的翻译技能

翻译旅游语体的时候除了要注意旅游语体的特点，遵循旅游语体翻译的标准，运用一般的翻译技能外，还要注意以下几点。

（一）增译

一些人在外地旅游时，对当地的历史与文化内涵不甚了解。因此，导游在翻译的过程中就需要适当地补充一些必要的文化历史信息。然而，由于旅游语体是口头说给游客听的，不同于其他文本的翻译，可以通过在文中加注的方式来实现。

例如：现在我们到了定陵，这里是咸丰皇帝爱新觉罗·奕詝和他的皇后孝德显的陵墓。

在翻译时进行了阐释性增译。

译文：Now we are in Dingling，the mausoleum of Emperor of Xian Feng，and his empress. Xian Feng is an emperor of the Qing Dynasty，he lived from 1831~1861，and reigned from 1851~1861.

（二）省译

旅游语体主要是为了让游客在观赏过程中能够轻松、愉快地了解景点，并得到相关知识，接受美的熏陶，不适合对游客讲述与景点联系较小、乏味、晦涩的内容，因此旅游语体中这方面的内容便可删减，以达到良好的效果。在上面的例子中，由于我们在提到清朝皇帝时多以其年号指代，对他们的名字少有提及，即便是本国人也少有清楚清朝各代皇帝名字的，就更不能要求外国的游客能搞清楚，因此在英译时省去了咸丰皇帝的名字爱新觉罗·奕詝，只留他的年号。至于皇后的封号，既不是游客关心的内容，也不是游客能完全明白的，因此在译文中也就省去了。这样，既不会影响游客对这一文化和历史景观的了解，也省去了他们理解时的麻烦，优化了旅游语体的现场效果。

（三）古诗词的翻译

由于很多旅游景点挂有对联，或者题有一些名人的诗词，或者是涉及一些关于这些景点的著名诗词，因此旅游语体的翻译中难免会涉及一些古诗词和对联的翻译。在翻译旅游语体中的诗词时，我们要注意在文学语体中所提到的诗歌翻译的要点，灵活翻译。在这种情况下，引用诗词主要是为了介绍景点，不必太过死板，这些诗词的具体背景往往可以省略，应把着眼点放在译文的节奏鲜明、音调和谐、简单易懂上来，使游客理解起来既不费力，又能体会到其中的诗味。而且，在翻译当中应尽量减少典故的使用，必要时，在翻译前后对诗词的含义进行解释。

另外，对联的翻译也是旅游语体翻译中的一个难点。对联雅称楹联，俗称对子，别称门联、联语。它言简意深，对仗工整，平仄协调，是由律诗的对偶句发展而来的。对联的翻译主要掌握两个要点：第一，要准确翻译原文，切不可为了形式的需要，而改变原文的含义；第二，翻译时要突出对联的特点，或两联字字相对，或两联句子结构相同。

技巧上可以是以偶对偶，以工对工。古人说“言对为易，事对为难；反对为优，正对为劣”，指的是对联的对仗之工，译文也如此，好译文要力求达到形美、音美、意美，再现汉语对联的韵律之美。

第九章　机器翻译与人工翻译的对比及结合

第一节　机器翻译的发展历程与现状

一、机器翻译的发展历程

从 1933 年 G. B. 阿尔楚尼（G. B. Artsouni）发明“机械大脑”到 2015 年开始使用神经网络机器翻译，如今，机器翻译已经走过了 90 多年的历程。随着人工智能技术、信息技术、统计技术的不断发展，机器翻译的质量越来越高，应用也越来越广，技术上也越来越成熟。了解机器翻译在其各个不同发展阶段的技术内涵、特征、发展状况等，在机器翻译系统快速发展的今天显得尤为重要。

（一）机器翻译的萌芽阶段（古希腊—1932）

远在古希腊时代，人们就产生了用机器进行语言翻译促进不同民族之间交流的想法。17 世纪，一些哲学家如勒内·笛卡尔（René Descartes）、戈特弗里德·威廉·莱布尼茨（Gottfried Wilhelm Leibniz）等提出了用数字代码编写机器的想法；17 世纪中叶，世界上已出现这类数字词典。到了 20 世纪初，德国学者 W. 里格（W. Rieger）首次提出“机器翻译”的概念和设想。到了 20 世纪 30 年代初，法国工程师阿尔楚尼提出用机器来进行语言翻译的想法，并开始“机械脑”的设计和研制。可见，在西方文明发展史上，人类曾经多次萌生过用机器进行语言翻译的想法，这些想法为机器翻译的诞生和后来的发展奠定了基础。

（二）机器翻译的产生与初步发展史（1933—1953）

1933 年，在机器翻译发展史上是值得纪念的一年。这一年，法国工程师阿尔楚尼获得了一个叫“机械脑”的“翻译机”专利，并于 1937 年正式展出。事实上，“机械脑”是在计算机技术诞生前的机器翻译的雏形。同样是在 1933 年，前苏联发明家斯米尔诺夫 · 特罗扬斯基（П. П. СМNPНОВ – ТРОЯНСКИЙ）设计了用机械方法进行语言翻译的机器，并在随后 10 多年时间内不断改进他的翻译机。到 1941 年，他设计发明的翻译机可以运作。1946 年，美国生产了世界上第一台电子计算机，这为机器翻译的进一步发展奠定了基础。经过多年的探索和酝酿，1954 年，世界上第一个真正的机器翻译系统在美国诞生。

（三）机器翻译发展的第一波高潮（1954—1965）

1954 年，第一个机器翻译系统在美国成功实验引起了世界的轰动，随之前苏联、英国、日本也进行了机器翻译实验，至此机器翻译出现了热潮。从 1954—1965 年的 11 年间，各国科学家开始探讨机器翻译的相关问题，其中讨论较多的是理论语言学中的句法分析，并且建立起多种基于句法分析的机器翻译模型。这一时期，人们还讨论了机器翻译的种种弊端。比如，机器翻译系统面临的语义屏障，其中最大的屏障就是语义歧义问题。

（四）机器翻译的萧条期（1966—1975）

1964 年，美国语言自动处理咨询委员会（ALPAC）对机器翻译的研究情况进行调查，并在 3 年后公布了一个报告，对机器翻译给予了否定。受此影响，多国的机器翻译研究陷入了低谷，机器翻译的热潮消失，开始进入萧条期。但这种萧条的状态仅仅持续了短短四五年的时间。1970 年，机器翻译又出现复苏的苗头，在随后的几年里，少数几个国家又开始进行机器翻译的实验和研究。

（五）机器翻译的复苏期（1976—1987）

经过大约 10 年的萧条期后，各国机器翻译的实验和研究开始复苏，在这一时期，我国也开始了机器翻译的实验和研究，并取得一定的成果。其中比较有代表性的成果是冯志伟的研究。他利用自建的 FAJRA 系统在世界上首次用计算机把汉语翻译成法、英、日、俄、德几种不同的外语，后来又建立了 GCAT 和 FCAT 等机器翻译系统。

（六）机器翻译的繁荣期（1987—至今）

从 1987 年到现在是机器翻译的繁荣期，在这一阶段，机器翻译的实验和研究在各国如火如荼地进行。进入 21 世纪，机器翻译更是掀起另外一个高潮。这一阶段，各种各样先进的机器翻译系统开发出来，并投入使用。尤其从 2015 年以来，以深度学习方法为基础的神经机器翻译系统开始投入使用，在最近的几年里引起了广泛的讨论和研究。随着神经机器翻译系统的不断更新，其应用前景非常广阔。从 1990 年开始，大量的双语、多语语料应运而生。

二、机器翻译的现状

自然语言中普遍存在各种歧义、未知现象，以及层出不穷的新词、热词。导致歧义的原因有两个：一是自然语言中固有的歧义现象，包括词汇歧义与语法歧义；二是由于语言、文化间的差异产生的歧义。一个句子如果有以上问题，就可能表达两种或多种意思，容易给机器造成理解上的偏差与误解。正如翻译不应该就是单纯字对字的转换，理想的机器翻译也并不仅仅是字符串的转换。机器翻译是人工翻译的模拟，它能帮助译者完成大量简单的翻译工作，但做不到像译者那样灵活。译者可以根据原文，结合语境、自己的生活经验、双语知识与相关文化背景来对原文进行理解，对原文进行自由组合、增加或删减，也可以适当添笔修饰润色。在不违背原文又考虑到译入语的情况下，译者有足够的翻译自由。

但机器翻译不同，它的翻译过程就是建立在严密的逻辑程序基础上的，它没有思考、判断、推理、修改的能力，机器翻译永远不可能真正地替代译者。

三、机器翻译给人工翻译带来的冲击及应对策略

（一）机器翻译给人工翻译带来的冲击

1. 速度和效率的提升

AI 翻译系统能够在几秒钟内处理大量的文本，这对于需要快速翻译大量数据的场景（如新闻报道、社交媒体内容等）具有明显优势。这种高效率的翻译能力是传统人工翻译难以比拟的。

2. 成本的降低

随着 AI 翻译技术的进步，企业和个人可以以更低的成本获得翻译服务。对于预算有限的小型企业和个人用户来说，Al 翻译提供了一种经济实惠的替代方案。

3. 可用性的增强

AI 翻译工具通常可以全天候使用，不受时间和地点的限制。这使得用户可以随时随地获取翻译服务，提高了工作的灵活性和便利性。

4. 翻译质量的提高

尽管 AI 翻译在准确性和流畅性方面仍存在局限，但随着算法的不断优化和大量数据的训练，Al 翻译的质量正在逐步提高。在一些标准化和结构化程度较高的文本翻译中，AI 翻译已经能够达到可接受的水平。

5. 对人工翻译的补充

AI 翻译并不是完全取代人工翻译，而是作为一种补充工具，帮助翻译者提高工作效率。例如，AI 翻译可以用于初步翻译草稿，然后由人工翻译者进行校对和润色。

6. 新的职业机会

AI 翻译技术的发展也创造了新的职业机会，如 AI 翻译系统的开发、维护和优化，以及对机器翻译输出质量的控制和编辑。

（二）人工翻译的应对策略

提升专业技能：翻译者可以通过学习新的技术和工具，提升自己在 AI 辅助翻译方面的专业技能。

专注于高质量翻译：人工翻译者应专注于提供高质量的翻译服务，特别

是在需要深度理解文化和语境的领域。

提供定制化服务：人工翻译者可以提供更加个性化和定制化的翻译服务，满足特定客户的特殊需求。

加强跨学科能力：翻译者可以通过跨学科学习，增强自己在特定领域的专业知识，如法律、医学等。

参与 AI 翻译系统的发展：翻译者可以参与到 AI 翻译系统的研发和改进中，帮助提高系统的翻译质量。

第二节　机器翻译的优缺点及其限制

一、机器翻译的优缺点

（一）机器翻译的优点

成本低：一方面，与人工翻译相比，机器翻译的成本较低，无需人工操作，且单次软件的开发可以多次进行使用；另一方面，使用机器翻译还能减少雇用专业人员的成本。

易于把控：机器翻译是按照规则执行的，流程固定，翻译时间能够比较精准地进行估算。

翻译速度快：机器翻译程序速度比人工翻译要快，能够更加节省时间。

（二）机器翻译的缺点

翻译表达不精准：机器翻译以大数据和人工智能为基础，在生活常识、文化背景和人类风俗习惯方面的储备比不上人类，只能通过自动化设定来翻译，容易导致翻译结果缺乏关联、生硬乏味，结果往往不够准确；尤其是在文学翻译领域，机器翻译目前还不能够替代人工，达不到感情与文学性的要求。

训练数据不足：目前机器翻译的方法依旧以经验主义方法为主，可以运用于机器翻译训练的语料库数据资源缺乏，导致其质量难以有质的提升；且目前机器翻译的数据多来自政府文档，资源覆盖面狭窄，基本是官方领域的语料，缺少娱乐性语料、口语语料和网络用语语料。

模型不具有通用性：基于某一种领域语料库的机器翻译模型在其他领域进行应用时结果往往不尽如人意；模型的差别大幅减缓了机器翻译行业的发展进程，目前学者还在加快相关领域研究。

二、机器翻译的局限性

机器翻译的译文比较粗糙、文体风格难以掌控以及语言表达不够地道等。翻译标准的差异及机器翻译软件的原理决定了机器翻译非文学材料的适用性比文学材料要强。一般情况下，翻译界认为科技翻译易于文学翻译。理论上，若输入计算机中的规则和语言材料越多，翻译的质量就越高。如果把人类所有的语言规则和语言现象都输入计算机中，那么机器翻译完全可以取代人工翻译。但是语言的应用千变万化，尤其在文学作品中，语言的多样性使得语义规则多到无法估量，而即使建立了非常庞大的语料库，也不可能完全涵盖语言的所有用法，更别提语言中的文采、多义化表达等文学作品特有的性质，使得机器翻译软件在有较高需求的文学翻译中几乎不可能代替人工翻译。

而在翻译要求相对较低的其他场合，有效的机器翻译可节省大量的资料阅读时间，极大地提高工作效率。然而，如何建立一个有效的翻译规则，并逐步完善翻译语料库，是翻译工作者和计算机软件开发者面临的共同难题。

三、机器翻译的发展方向

（一）提高翻译质量

尽管机器翻译技术已经取得了显著进步，但在某些专业领域或特定语境的翻译中，仍无法达到人工翻译的准确度。未来的研究和发展需要关注提升算法和模型的泛化能力，通过改进算法和模型结构，提高机器翻译系统在不同领域和语境中的适应能力。

（二）多模态数据处理

AI 翻译技术的应用场景将进一步拓宽，除了文本翻译，还应包括语音、图像等领域的翻译。这要求机器翻译系统能够处理和理解多种类型的数据，提供更全面的翻译服务。

（三）加强上下文理解

机器翻译系统需要加强对上下文信息的分析，提高对语境的把握能力，从而提升翻译的准确性和自然性。

（四）隐私和安全保护

随着技术的发展，隐私和安全问题也日益重要。机器翻译系统应采用加密技术和安全存储等方式，确保用户隐私信息的安全性。

（五）促进跨文化交流

机器翻译技术的发展应致力于推动不同语言和文化之间的交流和理解，提高全球范围内的跨语言沟通水平。

（六）结合人工智能其他领域

机器翻译技术可以与人工智能的其他领域相结合，如自然语言处理和语音识别技术，以提供更准确和自然的翻译输出。

（七）人机协作模式

机器翻译不应该完全取代人工翻译，而应该作为一种辅助工具，与人类翻译者协同工作。例如，机器翻译可以用于初步翻译，然后由人工翻译者进行校对和润色。

（八）持续学习和优化

机器翻译系统应具备自我学习和优化的能力，通过持续分析翻译结果和用户反馈，不断改进翻译质量。

第三节　机器翻译与人工翻译的对比与结合

尽管机器翻译已经走过半个多世纪的历程，并且日臻完善，但译文能达到出版质量的翻译系统却寥寥无几，机器翻译的原始译文往往谬误百出，词不达意，令人啼笑皆非。然而，这并非意味着机器翻译一无是处，人类无需在机器翻译上徒费精力。因为在当代翻译实践中，技术的应用不仅是个现实问题，同时也是一种必需。大小公司正面临日益增大的多语种业务的压力，全球范围内都急需翻译人才。与巨大的翻译市场需求相比，有限的翻译人员可谓杯水车薪。机器翻译引擎在多语种组织与跨国公司中的使用为翻译者们开辟了新途径，因为机器翻译有着人工翻译无可比拟的优势。如果能把机器翻译与人工翻译完美地结合起来，定会达到事半功倍的效果。

一、机器翻译与人工翻译的对比

（一）译文质量

人工翻译：随译者的业务熟练程度与翻译所花的时间而变化：非专业人士的译文质量从一般到良好不等；专业人士的译文质量从良好到优秀不等。[①]

机器翻译：因文本的难度和正确的程度而有所变化，质量由差到好。

（二）连贯性

人工翻译：难以保持前后一致。

机器翻译：保持绝对的一致性。

（三）时间与译文质量进展的关系

人工翻译：随着译者个人阅历的加深，译文质量会逐步提高。但是下一代译者不一定比上一代译者在翻译质量上有显著提高。

机器翻译：随着程序系统与字典的完善，译文质量会不断取得进步。

（四）速度

人工翻译：速度较慢。以中英文互译为例，专业翻译人士每小时仅能达到 200~500 个中文字。

机器翻译：环球链接公司提供了一个较精确的速度，即使用专业的翻译

① 熊思思，朱梦瑶，李明秋，等. 基于人工智能的机器翻译教学实践［J］. 电子技术，2023，52（09）：44-45.

软件，每小时可达 61200 个字。

（五）成本

人工翻译：人工实际翻译费用随翻译项目的不同而变化，主要取决于语种、难易程度和交稿时间。以中英文互译为例，目前翻译公司的市场价普遍为：英译中 130～140 元/千字，中译英 140～180 元/千字，个别专业翻译例外。

机器翻译：只有机器翻译系统的费用。如果要更高质量的译文，译后编辑的成本也应该包括在内，译后编辑成本的价格大概是人工翻译成本的 65%，但是可根据市场价格协商。

（六）成本走向

人工翻译：比生活指数增长得快（翻译是一种具有持续生产性的活动）。

机器翻译：比生活指数增长得慢，甚至在不断下降。

二、机器翻译与人工的结合

语言是人类进行思维判断和交际最主要的工具，有了语言，人类才最终从动物里划分出来，成为真正的人。机器实现高质量译文的唯一通路在于理解人类语言，为此机器就必须具有人的智慧，而让机器拥有人类的思维、理解人类的语言谈何容易。因此，要提高机器译文的质量，必须让人介入其中。事实上，人类可以通过两种方式介入机器翻译，即译前编辑和译后编辑。

（一）译前编辑

1. 定义

译前编辑是一个发现问题的过程，根据需要，在机译前先对原语进行编辑，列出机器翻译系统在进行文本翻译时可能会遇到的棘手词组或句子，然后提前进行人工移除或更改，其最终目的是使原语文本具有更高的可读性以及清晰度，也是为了使计算机能够更好地进行翻译，提高机器翻译的可译性。

2. 策略

人工翻译通常能够把书写得非常糟糕的文本译成比较顺畅优美的译文。在这方面，机器翻译系统显然无法望其项背。低劣的输入往往意味着欠佳的输出。而良好的输入往往因为系统的不同而略有不同。因此，总结出一系列译前编辑修改规则与策略，以提高机器翻译输出质量是很有必要的。

汉英机器翻译系统常在以下方面犯错误：归纳性的词汇与术语；多义词；成语；专有名词和缩略语；时态；语态（被动或主动）；数的一致；冠词；词序；模糊结构；由于原语输入缺陷导致的错误。

译前编辑对策：使用短句；使用正确的语法和断句；准确拼写单词；避免使用隐喻、笑话、成语、俚语等；最低限度使用代词；避免使用歧义单词；使用全称拼写，避免使用缩略语或首字母缩略词；让形容词和副词贴近它们所修饰的词。

（二）译后编辑

译后编辑在很大程度上仍然是一个不大为人所知的任务，它在语言学与机器翻译研究领域，均未能受到足够的重视。

1. 定义

译后编辑（Post-Editing Machine Translation，简称 PEMT 或 MTPE）是指在使用机器翻译（Machine Translation，简称 MT）输出的基础上，由人工翻译者进行编辑和校对，以提高翻译质量的过程。这种方法结合了机器翻译的高效率和人工翻译的准确性与灵活性，旨在获得比纯机器翻译更高质量的翻译结果。

译后编辑的过程通常包括以下几个步骤。

机器翻译输出：首先，使用机器翻译系统对原始文本进行翻译，得到初步的翻译文本。

初步审阅：人工翻译者对机器翻译的输出进行初步审阅，评估翻译的整体质量，包括语法正确性、词汇选择、句式结构等。

编辑和校对：翻译者根据审阅结果对机器翻译文本进行编辑和校对，修正错误，改善不自然或不准确的表达，确保翻译的流畅性和准确性。

术语和风格的统一：在编辑过程中，翻译者会特别注意术语的一致性和整体风格的统一，以符合特定的翻译标准和客户要求。

质量保证：编辑后的翻译文本应再次进行质量检查，确保所有必要的修改都已完成，并且翻译达到预期的质量标准。

译后编辑的优势在于它能够利用机器翻译的快速处理能力，同时通过人工干预解决机器翻译可能存在的局限性，如缺乏上下文理解、文化差异的处理不足等。这种方法特别适用于需要大量快速翻译的场景，如新闻报道、社交媒体内容、客户服务对话等。然而，它也需要有足够的专业人工翻译资源来进行有效的编辑和校对工作。

2. 不同层次的分类

机器翻译不可与人工翻译相提并论，但是它扩大了不可低估的选择范围。采取什么级别的译后编辑取决于译文的目的。

无需译后编辑。机器翻译直接输出的译文可被称为内容概要，仅是提供资讯，或用于有限范围内交流的文本（比如内部会议的工作文件、会议细节、技术报告、附录、个人电子邮件或网页等）。显然，市场上对这种粗略翻译的需求是巨大的。

快速译后编辑。所谓的快速译后编辑是指改正最严重的错误，以便使机译译文获得较高的可读性和准确度。快速译后编辑通常是将注意力放在那些生命周期较短的文本上。因此，文本的生命周期是决定多少信息需要被修正的一个重要因素，这种翻译适合于以下三个方面的使用者：①文本的接收者急需文本的译文；②文本不用于出版，但服务于某些短期目的；③文本的接收者在权衡了更快速翻译的优势与快速修改的机器翻译必然造成的质量下降的风险后，明确表态要求译后编辑过的机器翻译。

全文译后编辑。它是所有层次的译后编辑中最完整的，但同时也是最具争议性的一种。这是因为从质量角度来说，最终的机器翻译输出，必须与人工翻译无太大差异。通常，全文译后编辑所花的时间不亚于甚至还要多于人工翻译。

如上文所提到的，尽管有服务于不同目的的各种层次类型的译后编辑，但关于它们的层次和变化之间的差异并不是泾渭分明的。由于实际的译后编辑任务的标准并没有明确的规定，所以译后编辑的指导纲要的出台是十分迫切的。

3. 机器翻译译文的译后编辑与人工翻译译文的译后修改的对比

机器翻译译文的译后编辑有别于传统意义上的人工翻译译文的译后修改。传统人工译文修改的目的是确保译语文本的内容要与原语文本一致，并且语言要连贯、自然、地道，符合目标语言的表达习惯。人工翻译尽管也会出现一些不精确的地方，但是在通常情况下偶然发生的极少量的人为失误，基本上都是因为译者无意间的错失或者由于缺乏在某一特定领域的相关经验而造成的。而机器翻译的技术缺陷与它的一致性特征决定了它所可能犯的错误是有典型的类别性与重复性的。因此，机译译后编辑一般是有规律可循的。另外，译后编辑者还应根据机器原始译文的质量、任务的紧迫程度、文本的类型以及接收者使用译文的目的决定采取何种层次的译后编辑方式。

参考文献

［1］安玉青，李丽辉，徐梅玲．语言学与英语翻译研究［M］．北京：光明日报出版社，2016.

［2］薄利娜，杨甜甜．当代英语翻译理论的多维度思考与探究［M］．太原：山西经济出版社，2021.

［3］陈晓丹．英语翻译与文学语言研究［M］．长春：吉林文史出版社，2023.

［4］陈晓军，黄丹．翻译［M］．长春：吉林大学出版社，2012.

［5］陈莹，吴倩，李红云．英语翻译与文化视角［M］．长春：吉林人民出版社，2020.

［6］崔丽华．英语实用修辞格［M］．沈阳：沈阳出版社，2022.

［7］郭惠琴．英汉语言对比与翻译研究［M］．北京：北京工业大学出版社，2019.

［8］侯娟娟．英汉语言的对比研究［M］．北京：北京工业大学出版社，2020.

［9］胡敏，蒋甜甜，李瑶．大学英语翻译教程［M］．长春：吉林人民出版社，2021.

［10］黄勤．语篇的建构、解构与翻译［M］．武汉：华中科技大学出版社，2019.

［11］孔祥娜，李云仙．英语翻译方法与技巧演练［M］．长春：吉林美术出版社，2018.

［12］黎静作．当代语言学和翻译研究的关系探究［M］．长春：吉林摄影出版社，2022.

［13］李国南．英汉修辞格对比研究［M］．北京：外语教学与研究出版

社，2018.

［14］李芸. 英语修辞格与英美诗歌研究［M］. 北京：经济科学出版社，2018.

［15］李哲鹏，张磊，张方丽，等. 英语实用文体翻译［M］. 郑州：河南人民出版社，2012.

［16］刘华文，叶武君，刘性峰，等. 翻译资源与工具读本［M］. 南京：南京大学出版社，2014.

［17］马吉德. 英语语言学与翻译教学研究［M］. 长春：吉林人民出版社，2022.

［18］马郁文，赵彦青. 英语翻译理论的多维度阐释及其应用探索［M］. 北京：中国书籍出版社，2019.

［19］石晶，冯建民，梁庆合，等. 英语修辞格简明教程［M］. 沈阳：东北大学出版社，2015.

［20］朱晓东. 英汉语篇对比与翻译［M］. 长春：东北师范大学出版社，2018.

［21］胡荣慧. 英语翻译中跨文化视角转换及翻译技巧［D］. 中央民族大学，2012.

［22］陈竑琳. 美学视角下的科技英语翻译：论科技翻译与文学翻译的契合点［J］. 国际公关，2019，（06）：271-272.

［23］谷一星. 美学视角下商务英语文本翻译实践研究［J］. 黑河学院学报，2023，14（09）：105-108.

［24］胡巍川. 法律英语文体特征及翻译策略综述［J］. 知识文库，2019，（22）：203+205.

［25］李欣桐，王治江. 关于广告文体翻译译例的评析［J］. 纳税，2017，（26）：187.

［26］李影璇. 交际翻译理论视角下英语科技文本长句的翻译技巧分析［J］. 现代英语，2020，（08）：52-54.

［27］连晓华. 美学视角下英语文学翻译中艺术语言处理策略探析［J］. 嘉兴学院学报，2022，34（02）：94-99.

［28］孟容静. 旅游文本的文体特征与英译策略研究［J］. 英语广场，2020，（20）：36-38.

[29] 宋扬. 跨文化交际视角下应用型高校英语翻译教学创新策略研究 [J]. 大庆师范学院学报，2022，42（05）：121-128.

[30] 唐慧. 翻译美学视角下的英语散文汉译文本对比分析：以 The Faculty of Delight 译文为例 [J]. 现代英语，2022，（15）：70-73.

图书在版编目（CIP）数据

英语翻译技能研究 / 关继东著. -- 湘潭 : 湘潭大学出版社, 2024. 6. -- ISBN 978-7-5687-1454-9
Ⅰ. H059
中国国家版本馆 CIP 数据核字第 2024Q3B079 号

英语翻译技能研究

YINGYU FANYI JINENG YANJIU

关继东 著

责任编辑： 渠珊珊
封面设计： 夏茜旸
出版发行： 湘潭大学出版社
社　　址： 湖南省湘潭大学工程训练大楼
电　　话： 0731-58298960 0731-58298966（传真）
邮　　编： 411105
网　　址： http://press.xtu.edu.cn/
印　　刷： 长沙鸿和印务有限公司
经　　销： 湖南省新华书店
开　　本： 710 mm×1000 mm 1/16
印　　张： 14
字　　数： 243 千字
版　　次： 2024 年 6 月第 1 版
印　　次： 2024 年 6 月第 1 次印刷
书　　号： ISBN 978-7-5687-1454-9
定　　价： 70.00 元